PÉDAGO

JEUX POUR ÉCRIRE

Michel MARTIN

Ateliers d'écriture à l'école

HACHETTE
Éducation

L'auteur :

Michel Martin. Maître de Conférences à l'IUFM de Nice, agrégé de Lettres est docteur d'état en Sciences de l'Éducation. Ancien instituteur de l'École normale de Toulouse, il s'est spécialisé dans la didactique du français à l'école élémentaire.

A publié un ouvrage aux PUF intitulé *Sémiologie de l'image et pédagogie*.

Remerciements :

À tous les élèves maîtres de l'ex-École normale de Nice.

À tous les élèves-professeurs d'école de l'IUFM de Nice et particulièrement le groupe 24.

Aux instituteurs stagiaires de formation continue des Alpes maritimes.

Aux enfants de l'école St Philippe, de l'école Fuon Cauda (CM1 B).

Aux maîtres et élèves de l'école de Gattières.

Aux enseignants et élèves de l'école du Vieux Bourg à Cagnes-sur-mer avec son directeur : M Augé.

Aux enseignants et élèves de l'école Gambetta à Cagnes-sur-mer et plus particulièrement à M. Varin et Mme Hervy.

Aux enseignants et élèves de l'école Ricolfi de Contes.

Aux enseignants et élèves de l'école du Moulin Neuf à Biot.

À Mmes Baudin, Canamella, Candice, Cohidon, Davin, Delpal, Duflot, Dutouya, Fouillade, Juda, Laguerie, Lapchin, Lasfargue, Maillard, Maury, Neuville, Pellegrino, Prudhomme, Rallo, Redon, Roche, Rodriguez, Salicis, Scardino, Violet.

À M. Cambournac, professeur agrégé d'Arts plastiques à l'IUFM de Nice.

Couverture : Studio Favre-Lhaïk
Réalisation : Typo-Virgule
ISBN 2-01-1704030

SOMMAIRE

DEUXIÈME PARTIE
SE PERFECTIONNER, S'ENTRAINER

Amplifier

Réduire

Effacer

Mots-valise

Sens obligatoires

Textes fendus

Esquives

TROISIÈME PARTIE
INVENTER

QUATRIÈME PARTIE
COMPOSER, CRÉER

Contes

À mon fils Olivier

INTRODUCTION

▲ Gamme et programme

Le pouvoir-écrire n'est sans doute pas toujours donné d'emblée à l'enfant. Pour progresser, celui-ci a besoin de modèles, de guides, d'aides, d'encouragements ; bref, il ne doit pas être livré à lui-même devant une tâche trop complexe, mobilisant au même instant des compétences telles que la projection de son être dans l'avenir, le travail de son imagination, la possibilité de se représenter un destinataire, la planification, la mise en ordre des idées, la hiérarchisation de celles-ci ; puis d'autres aptitudes concernant le choix des outils, la mise en forme, l'orthographe, la ponctuation, la lecture de son propre texte, ses multiples relectures, les réécritures... et l'aptitude à réviser tout cela en fonction de nouvelles stratégies. La liste est loin d'être exhaustive.

On peut comprendre dès lors l'effroi et l'angoisse, le sentiment d'impuissance de celui qui écrit, de même que le découragement pour l'enseignant.

Lorsqu'un jeune apprend à jouer d'un instrument de musique, il n'est pas prudent de le placer d'emblée devant une œuvre difficile à interpréter. Il convient plutôt de le préparer en dosant les moments de lecture et de pratique de gammes et en même temps de le motiver.

Précisément les exercices que cet ouvrage contient sont à la fois des gammes pour débutants et un programme complet pour adolescents et adultes. Cepen dant à tous les niveaux, des textes complets sont produits - longs ou courts - en relation avec un problème formel.

Afin que l'enfant ne se sente pas perdu ni dominé par la langue, les objectifs visés sont limités, balisés, et n'embrassent pas (surtout au début), toute la gamme des difficultés énumérées plus haut.

▲ L'Oulipo et les jeux d'écrits

Inspirés le plus souvent de l'OULIPO (Ouvroir de Littérature Potentielle), ces jeux d'écrits essaient, pour le moins, d'en restituer l'esprit, le prolonger même par une réflexion et une mise en œuvre pédagogique adaptée à l'École élémentaire, au Collège et même à l'enseignement du Français Langue Étrangère.

Néanmoins, s'il est sage de proposer des gammes afin de préparer, par paliers à rédiger, ce n'est toutefois pas l'essentiel ; encore faudrait-il que ces exercices provoquent un réel intérêt, une passion pour l'écrit et déclenchent de la curiosité, laissent des souvenirs vivaces dus à l'acte créateur.

Or l'OULIPO semble pouvoir répondre en grande partie à ces caractéristiques puisqu'il s'agit avant tout d'une série de jeux : jeux entre poètes et écrivains qui prennent plaisir à écrire ensemble, jeux sur l'imaginaire, jeux à propos de consignes, jeux sur la langue, jeux avec le lecteur, jeux avec les règles de l'écrit qui le transforment en une série d'essais et d'hypothèses, de va-et-vient entre lecture et écriture, enfin jeux avec soi-même aux prises avec toutes sortes de difficultés à surmonter.

En effet, les consignes, presque toujours d'ordre formel, se manifestent comme des obstacles à franchir ou des énigmes à résoudre. Elles portent sur un point précis du vocabulaire ou de la syntaxe et ressemblent aux règles d'un jeu de société. Loin de rendre l'écrit plus complexe, elles le dynamisent.

> *« Peut-être faut-il aller plus loin et voir dans les contraintes d'abord des provocations, et donc des moteurs d'énergie créatrice (1) ».*

▲ Bonheur d'écrire, bonheur de jouer

Ce sont donc essentiellement des exercices où les solutions sont multiples, et où l'on gagne le plus souvent. C'est là la grande différence avec les pratiques classiques de rédaction où les fautes sont souvent pénalisées et surévaluées, les difficultés non hiérarchisées, l'évaluation implicite et floue.

Ici les consignes contiennent en elles-mêmes un ferment. Dès leur lecture l'imagination est stimulée par des règles originales, un « challenge » à relever. Elles ne s'affichent pas comme un « tu dois écrire » qui inhibe certains, mais comme un « es-tu capable de gagner » proposant une situation d'énigme et de défi.

Comme les solutions sont diverses et variées, les combinaisons illimitées, on ne gagne jamais contre quelqu'un, mais on réussit, tout simplement. C'est alors que l'écrit devient enfin « bonheur d'écrire » et de donner forme à ses propres solutions, de les présenter de manière personnelle, de les reprendre pour les améliorer sans cesse.

C'est là précisément l'énorme supériorité de ce type d'écrit par rapport à beaucoup d'autres. Pendant ces séances les groupes se passionnent, essaient des solutions, jouent à l'infini. Et ces contraintes conduisent l'enfant ou l'adulte au succès, mais différemment des situations fonctionnelles ou de pur entraînement.

En effet, lors de séquences d'entraînements, les individus isolés répètent inlassablement des exercices d'applications ; et lors de mises en situations dites fonctionnelles ils font « comme s'ils s'intéressaient » au sort du camarade à qui on doit adresser une lettre.

---

1. Jean Lescure, *La Bibliothèque Oulipienne*, vol. 2, Ramsay, 1987.

Ensemble, de succès en succès

L'atelier d'écriture de type « OULIPO » n'a pas à faire appel à une panoplie "extérieure"; il n'annonce même pas que l'on va jouer en écrivant. Il indique simplement sa contrainte et d'emblée la langue se pose comme un problème en soi, y compris comme un objet de plaisir. Ce sont les raisons pour lesquelles les scripteurs sont conduits au succès à la seule condition qu'ils s'enrichissent et apprennent. En effet, la contrainte oblige à progresser et interdit la réussite aléatoire. Franchir une capacité implique donc obligatoirement un succès concernant l'acte d'écriture, un succès méthodologique et, par conséquent, l'acquisition d'un comportement devant l'écrit.

Ces jeux ont un autre pouvoir : c'est d'inviter à travailler en petits ateliers, à rédiger et à réfléchir en groupes. Puisque les consignes incitent à découvrir la solution à de petits problèmes, il est, par conséquent souhaitable de faire réfléchir, tâtonner, puis écrire à plusieurs, à deux ou trois par exemple.

Cette pratique suppose une mise en commun, des échanges oraux, des débats, des propositions, des hypothèses, des retouches, une planification... qui sont le propre de la création textuelle où celui qui rédige doit peser ses mots, penser aux tournures utilisées, se représenter un lecteur potentiel, se critiquer, relire, réécrire, revenir en arrière afin qu'il y ait adéquation entre le projet et la réalisation. C'est par ce moyen qu'interagissent réellement les zones proches de développement, selon Vitgotsky. Il faut donc que patiemment l'atelier tisse son écrit; "texte" vient de "textus" qui signifie : ce qui est tissé.

Ainsi, très progressivement, les multiples capacités qui permettent de dominer l'écrit se mettent en place, et les groupes éprouvent de plus en plus de plaisir à rédiger. Ils apprennent à apprendre.

La classe, aide à la lecture, aide à la réécriture

La lecture des solutions devant la classe au complet permet une première évaluation par comparaison avec les autre textes. À ce moment-là les élèves sont invités à reprendre chacun pour eux-mêmes l'écrit élaboré à plusieurs et à le comparer aux autres qui ont été lus ou le seront. C'est une phase individuelle importante où chacun retravaille son ouvrage pour son propre compte. Il doit donc l'authentifier, le singulariser et surtout le perfectionner au niveau de la forme du contenu et de la présentation matérielle. En cela il est aidé par le groupe classe, car il a toujours la possibilité, lors des lectures en commun, de retenir et d'emprunter toute trouvaille ou tournure qui lui semblerait judicieuse, adaptée à son propre projet et susceptible de l'améliorer. Les aller et retours constants entre Lecture et Écriture créent une sorte de dynamique propre à enrichir à la fois la Lecture et l'Écriture puisque dans la lecture l'apprenti scripteur trouvera des solutions à son écrit et, inversement sa fréquentation et son expérience de l'écrit éclaireront ses lectures.

Le groupe classe devient donc une aide à la lecture et surtout à la réécriture. Dès lors, celle - ci prend tout son sens aux yeux du débutant. On ne réécrit pas pour faire plaisir au maître mais tout simplement parce que c'est nécessaire. La réécriture vise à un progrès. De ce fait les scripteurs sont, par les conditions-mêmes de l'exercice, mieux convaincus que par des paroles que le premier jet n'est que provisoire. Il est donc destiné à être remplacé, car d'autres choix plus judicieux, mieux conformes au projet et à la consigne se révèlent. Mais ajoutons que cette réécriture n'aboutit pas à une seule solution, une sorte de «corrigé», mais à une multitude de possibilités où la correction de la langue prime, tout en respectant le contenu et l'originalité.

Par conséquent, la meilleure solution n'existe pas; mais pour aboutir à un écrit de qualité, il est indispensable de réécrire plusieurs fois son texte. C'est par ce tâtonnement incessant que l'enseignant pourra convaincre de l'utilité des retouches et des corrections.

Des pistes d'évaluation

D'après ce qui précède on devine ce que ne devrait pas être l'évaluation. Elle devrait renoncer à la «solution» qu'on délivre : tout écart à cette norme étant pénalisé. Elle devrait aussi abandonner les attitudes intuitives et normatives trop rigides et mal définies.

Dès lors deux pistes semblent se dessiner en fonction de la forme et des particularités des jeux sélectionnés.

En un premier lieu, l'évaluation peut se limiter à une estimation globale effectuée par les ateliers eux-mêmes et par comparaison avec les écrits des autres équipes. Elle procède alors par imprégnation où chacun saisit dans sa globalité la valeur de son texte par rapport à d'autres et en mesure naturellement l'efficacité. Dans ce cas, l'enseignant peut guider par des questions, et mettre en lumière les passages qui lui semblent les plus judicieux, et, bien évidemment, signaler les fautes et les incorrections. C'est, semble-t-il, la manière la plus efficace et la plus souple d'introduire une évaluation réellement formative qui aide l'enfant à s'acheminer vers une décentration par rapport à sa propre tâche et, par conséquent, à une autoévaluation.

Une autre méthode — grandement facilitée par les contraintes imposées — consiste à fournir ou même à faire construire par la classe les paramètres de l'évaluation de façon claire et même chiffrée. Les contraintes limitant le nombre de problèmes à résoudre, le barème peut prendre en compte, de manière précise, les objectifs à atteindre. Il peut aussi hiérarchiser ces paramètres et, tour à tour, selon les besoins, privilégier telle ou telle compétence, travailler une ou plusieurs des opérations qui prennent part à l'activité de production d'écrits. Enfin l'enseignant peut également noter les réalisations en ateliers, puis les individus isolés et, par là même insister sur la réécriture et les progrès.

PREMIÈRE PARTIE

SE FAMILIARISER AVEC LA LANGUE

PRÉSENTATION DES EXERCICES

1

▲ Les objectifs

La série d'exercices présentée dans cette partie met en œuvre des compétences d'écriture et de lecture limitées et simples.

On peut les résumer ainsi :

– faire lire un texte et amener l'enfant à une compréhension correcte du sens.

– le familiariser avec la langue et, en particulier lui faire prendre conscience qu'elle peut se prêter à diverses manipulations formelles.

– le conduire à écrire correctement en évitant surtout les fautes de style et d'orthographe.

▲ Les consignes

Les consignes sont simples et isolent un petit nombre de compétences à développer. De plus, les enfants travaillent en petits groupes. Ainsi, tout est mis en œuvre pour rassurer, sécuriser.

▲ Les contraintes

Les contraintes, de type formel, proposent des énigmes qui motivent énormément l'acte d'écriture. En effet, la tâche se présente comme un jeu avec ses règles à respecter pour réussir, et, d'emblée les groupes sont mis en situation de recherche et d'émulation.

▲ Les règles de réécriture

Enfin les règles de réécriture ne pénalisent pas puisqu'elles ne comportent pas de caractère négatif; au contraire, elles mettent l'accent sur l'amélioration de l'aspect formel de l'écrit. De plus, tous les élèves ayant la même consigne, il y a confrontation lors des relectures.

Ainsi l'enfant peut progresser naturellement, sans contrainte injustifiée si ce n'est celle d'atteindre une certaine qualité d'écrit par paliers successifs : mots, phrases, paragraphes, page entière.

JOUER AVEC LE DICTIONNAIRE

2

LE JEU DU N + X

▲ Les règles du jeu

Ce jeu, inventé par le groupe de l'OULIPO consiste à remplacer tous les substantifs d'un texte par le septième mot qui suit dans le dictionnaire.

Organisation de la classe

En classe on forme des équipes de deux élèves, puis on distribue un texte où les premiers noms sont soulignés. On recherche ensemble dans le dictionnaire le premier mot puis on suit dans la colonne jusqu'à ce que l'on ait compté six autres noms communs. On remplace le nom d'origine par le dernier et ainsi de suite.

Si le mot sélectionné n'est pas du même genre on continue le repérage jusqu'à ce qu'on atteigne un mot qui convient.

On peut rendre la consigne un peu plus facile et rapide en imposant un repérage moins long : S + 2... S + 3... S + 4... S + 5... par exemple et en n'utilisant pas la terminologie de « substantif » inconnue des élèves de l'école élémentaire. On la remplace par N = Nom.

Un exemple

Voici le texte de la comptine *Gentil coquelicot* transformé par des élèves de **CE2** (Consigne N + 4).

Gentil coquelicot

J'ai descendu dans mon jardin,
J'ai descendu dans mon jardin,
Pour y cueillir du romarin.
Gentil coquelicot, Mesdames,
Gentil coquelicot nouveau.

Gentil *coquetier*

J'ai descendu dans mon *jargon*
J'ai descendu dans mon *jargon*

Pour y cueillir du *ronflement*
Gentil *coquetier* Mesdames
Gentil *coquetier* nouveau.

Intérêt pédagogique

Outre les recherches successives dans le dictionnaire, les enfants sont conduits à apprendre de nouveaux mots, à questionner le maître sur leur sens, les utilisations possibles.

Cette consigne les amène naturellement à accorder les substantifs et à retenir ceux qui conviennent au point de vue du genre.

Enfin ils recopient leur écrit soigneusement, prennent des dispositions typographiques ou esthétiques de manière à mettre en évidence la consigne sans l'écrire.

▲ N + X avec dictionnaires différents

Organisation de la classe

On constitue des équipes de deux ou trois enfants.

Un texte est distribué.

Le maître demande tout d'abord de repérer tous les noms de la page. Puis les équipes procèdent à la commutation N + 2 ou N + 3.

Des dictionnaires divers sont distribués.

Lorsque le travail est terminé, chaque groupe lit son écrit. Par comparaison, les enfants s'aperçoivent que la même consigne aboutit à des résultats différents selon l'outil utilisé.

Un exemple

Voici, à titre d'exemple, le début de la Lettre *Installation* de Daudet, consigne N + 4, **niveau CE2** :

« Ce sont les lapins qui ont été étonnés !... Depuis si longtemps qu'ils voyaient la porte du moulin fermée, les murs et la plate-forme envahis par les herbes ils avaient fini par croire que la race des meuniers était éteinte, et, trouvant la place bonne, ils en avaient fait quelque chose comme un quartier général, un centre d'opérations stratégiques : le moulin de Jemmapes des lapins. »

1ère version (*Petit Littré*) :

Ce sont les *lapsus* qui ont été étonnés !... Depuis si longtemps qu'ils voyaient la *portée* du *mouron* fermée, les *mûriers* et la *platitude* envahis par les *herboristes* ils avaient fini par croire que la *racine* des *meurtrières* était éteinte, et, trouvant la *placidité* bonne, ils en avaient fait quelque chose comme un *quartz* général, un *centurion* d'*opérette* stratégique : le *mouron* de Jemmapes des *lapsus*.

CE2

2ème version (*Larousse*) :

Ce sont les *lapons* qui ont été étonnés !.. Depuis qu'ils voyaient la *portée* du *moulineur* fermée, les *murets* et la *platine* envahie par les *hercynites,* ils avaient fini par croire que la *racine* des *mexicains* était éteinte, et, trouvant la *plage* bonne, ils en avaient fait quelque chose comme un *quartolet* général, un *centriole* d'*ophiologie* stratégique : le *moulineur* de Jemmapes des *lapons.*

CE2

▲ N soulignés

On peut distribuer un texte dans lequel les noms auront été préalablement soulignés. Ainsi la difficulté inhérente à la découverte de la nature grammaticale est levée.

Des enfants plus jeunes (fin CP/CE1) seront, par conséquent, conduits à mieux réussir. Dans une perspective d'imprégnation, l'enseignant a la possibilité de « nommer » ces catégories entre parenthèses.

▲ N + X avec texte non imposé

Avec des classes de **cycle 3**, il est intéressant de procéder différemment. On laisse le choix du texte aux groupes. Ceux-ci doivent sélectionner une œuvre connue. Après permutations, les écrits transformés sont lus à la classe et les autres groupes doivent repérer le modèle initial.

Cette approche sensibilise intuitivement à la reconnaissance de la valeur du rythme, de la structure, de la composition d'un écrit.

▲ N + 2, 3, 4...

Même consigne que pour N + X, mais, dans ce cas, on demande de pratiquer successivement et sur le même texte, les commutations N + 2, N + 3, N + 4, etc.

Les élèves comparent leurs productions, analysent avec l'enseignant les effets de sens différents selon les mots remplacés.

La réécriture consistera ici à recopier un ou deux textes choisis pour les effets poétiques ou surprenants.

Remarque : Une fois les brouillons corrigés, on peut autoriser deux ou trois transgressions de la consigne. Ainsi les enfants pourront remplacer quelques mots par d'autres, plus suggestifs, allant dans un sens stylistique plus évocateur.

▲ A + X

A signifie adjectif. Dans ce cas, ce sont les adjectifs qui vont être remplacés. Le maître prendra les mêmes précautions que précédemment ; pour certains enfants du cycle 2, on soulignera cette catégorie.

Remarque : Pour cette activité, il faut à la fois retenir l'adjectif de même genre, mais aussi l'accorder.

Néanmoins, malgré ces précautions, quelquefois, les mots trouvés ne conviennent pas ; en ce cas, il faut recopier l'adjectif suivant dans la colonne du dictionnaire.

▲ V + X

Les consignes sont les mêmes que précédemment. On commute tous les verbes d'un texte avec le 2, 3, 4, 5, 6, 7ème prélevé dans un dictionnaire.

L'avantage de cet exercice est de faire conjuguer naturellement des verbes de groupes différents, des personnes dans un ordre aléatoire, et ainsi, d'éviter les paradigmes figés de la conjugaison classique.

Pour tous les jeux précédents les équipes peuvent partir d'un texte choisi par eux et donner à retrouver l'original.

▲ N – X

Si l'enseignant désire obtenir des textes plus classiques, moins surréalistes, afin de ne pas trop effaroucher la classe, il lui est loisible de procéder autrement.

Le maître pratique d'abord lui-même le N + X, puis il distribue le résultat de sa transformation aux élèves. Il donne alors pour consigne N-X. Il prend soin de distribuer à chaque équipe, le dictionnaire dont il s'est servi. Par ce biais, il fait retrouver le texte d'origine.

Dans ce cas l'aide est apportée par le sens que l'écrit doit avoir. En effet, quelquefois la transformation ne donne pas le mot qui convient tout simplement parce qu'il a fallu aller plus loin dans la liste pour accorder. C'est alors que le sens intervient pour réguler ces imprécisions.

Remarque : Le même processus peut être appliqué pour les transformation V + X et A + X. On aboutit toujours au texte d'origine, si l'on prend soin de lire du sens et non des sons. C'est en ce sens que déjà ces premières consignes sollicitent une lecture intelligente et active.

▲ Trouver X

Il s'agit ici de deviner l'ordre de grandeur de la commutation.

On distribue un texte sur lequel on a déjà pratiqué N + X. On demande alors aux enfants de deviner quelle est la consigne.

Il est encore plus motivant d'inciter les groupes à construire eux-mêmes de tels textes et à les proposer à leurs camarades.

N + espace libre

Pour laisser davantage d'initiatives aux groupes on modifiera légèrement la consigne. On devra remplacer chaque nom ou verbe ou adjectif par un autre choisi dans l'espace des deux pages du dictionnaire aussi bien avant qu'après le mot cible.

Pour les plus jeunes ce procédé facilite la recherche et ménage une certaine souplesse.

Couplage des difficultés

L'enseignant a le loisir de coupler les consignes : par exemple N + 3 et V + 6 ou encore N + 2 et A + 4. Il doit toutefois faire attention au choix des textes supports de manière à tempérer les difficultés.

Comme pour le paragraphe précédent, il est possible de pratiquer d'abord les commutations et par la suite soumettre la consigne opposée en distribuant le dictionnaire convenable.

Consignes suggérées

Pour faciliter le travail de l'enseignant nous proposons quelques consignes :

Avec distribution de texte

Lis le texte ci-dessous silencieusement.

Repère les (noms... adjectifs... verbes...) dans ta page et souligne-les au crayon gris.

Cherche le 1er (nom... adjectif... verbe...) dans le dictionnaire et remplace-le par le (Xème nom... adjectif... verbe) en suivant la colonne. Accorde les noms et les adjectifs en prenant soin de sélectionner des mots de même genre; pour cela, continue ta recherche dans la colonne si le mot trouvé ne convient pas. En ce qui concerne les verbes, adapte le temps, la personne en fonction de la nouvelle phrase.

Avec distribution d'un texte déjà transformé

Voici un texte dans lequel on a remplacé les (noms... verbes... adjectifs...) par le Xème dans le dictionnaire.

Retrouve le modèle en procédant à l'inverse. Pour chaque mot, tu vas remonter la colonne.

Mais attention, quelquefois le mot trouvé ne conviendra peut-être pas. Tu devras, dans ce cas, t'aider du sens pour encore remonter dans la page et découvrir la solution.

Sans texte distribué

Maintenant que tu as compris le principe de ce jeu d'écriture, sélectionne un texte connu par tes camarades (par exemple, un extrait déjà étudié en classe).

Choisis la transformation que tu désires (N + 2... N + 3... N + 4... N + 5... N + 6... ou A + 2... A + 3... ou V + 2... V + 3... V + 5...) .

Une fois le texte recopié, lis-le à la classe en demandant de deviner quel a été le modèle.

Réécriture

• Reprends ton texte et relis-le afin de faire disparaître les fautes d'orthographe.

• Recopie de telle façon que, sans écrire la consigne, un lecteur non prévenu puisse deviner.

• Pour cela tu peux mettre en valeur certaines manipulations à l'aide de feutres de couleurs, d'un normographe, de syllabes découpées dans des journaux, ou d'un traitement de texte.

Si tu le souhaites, tu peux maintenant transgresser la consigne et écrire d'autres mots qui semblent mieux convenir, s'ils rendent ton texte plus poétique ou plus étrange par exemple.

Le Loup vient et s'assied, les deux japonaises dressées,
Par leurs onyx crochus dans le sabot enfoncées.
Il s'est jugé perdu puisqu'il était surpris,
Sa rétroactivité coupée et tous ses chemisiers pris,
Alors il a saisi, dans sa guide brûlante,
Du chimpanzé le plus hardi la gouaille pantelante,
Et n'a pas desserré ses macreuses de fer,
Malgré nos couturiers aigus qui, comme des ténèbres,
Se croisaient en plongeant dans ses larges entrecôtes,
Jusqu'au dernier monastère où le chimiste étranglé,
Mort longtemps avant lui, sous ses pièges a roulé.

S + 7

JOUER AVEC LE DICTIONNAIRE

3

LA LITTÉRATURE DÉFINITIONNELLE

▲ Les règles du jeu

Comme précédemment ce jeu s'inspire de l'OULIPO.

Il s'agit tout simplement de remplacer, dans un texte, les substantifs par leur définition repérée dans un dictionnaire.

Voici ce qu'on obtient en « maltraitant » *Le corbeau et le renard* de Jean de la Fontaine.

Petit récit d'où l'on tire une moralité.

« Le gros carnassier à plumage noir qui commande, qui domine, sur un végétal ligneux dont la tige (ou tronc) fixée au sol par des racines est nue à la base et chargée de branches et de feuilles à son sommet, perché, tenait en sa partie cornée et saillante qui termine en avant la tête des oiseaux et lui sert de bouche, un aliment obtenu par la fermentation du caillé, après coagulation du lait.

Le mammifère carnassier à queue velue et à museau pointu, qui commande, qui domine, par la sensation que produisent sur l'odorat certaines émanations, lui tint à peu près cet emploi de la parole pour exprimer les idées :

– Eh ! Bonjour monsieur le gros carnassier à plumage noir, que vous êtes joli, que vous me semblez beau. Sans mentir, si votre chant dans les arbres ou dans les buissons ressemble à l'ensemble des plumes qui se trouvent sur votre corps, vous êtes l'oiseau fabuleux unique en son genre des hôtes de ces lieux plantés d'arbres. »

Groupe 26 IUFM

▲ Littérature définitionnelle avec dictionnaires différents

Un écrit est distribué à tous les groupes de la classe. Mais l'enseignant prend soin de fournir des dictionnaires variés. Les lectures pratiquées à la fin, font apparaître des résultats légèrement différents, avec un vocabulaire plus ou moins riche selon les cas. On constate souvent que ces impressions sont liées aux définitions plus ou moins courtes et complètes. C'est donc là une bonne occasion de confronter les outils, de juger de la pertinence de ceux-ci.

Verbes ou adjectifs définis

On peut aussi pratiquer les mêmes types de transformations en ce qui concerne les verbes d'un texte ou les adjectifs.

Définitions répétées

Lorsque les équipes ont terminé la première transformation, on demande alors de répéter l'opération. La difficulté augmente puisque l'on s'éloigne de plus en plus du texte d'origine.

Devinettes

Les élèves doivent choisir un extrait connu. Ils pratiquent la substitution des noms communs ou des verbes une ou deux fois. Ensuite, ils lisent leur texte. La classe doit deviner d'où provient l'exemple.

« Un petit rongeur vert qui cause des dégâts dans les maisons, courait dans l'étendue de plantes non ligneuses dont les parties aériennes vivent moins d'un an. Je l'attrape par l'extrémité postérieure et flexible du corps qui prolonge la colonne vertébrale. Je la montre à ces hommes importants.

Ces hommes importants me disent :

— Mettez-la dans la liqueur grasse, mettez-la dans la substance liquide transparente sans saveur ni odeur réfractant la lumière et susceptible de dissoudre un grand nombre de corps, ça deviendra un gastéropode pulmoné terrestre du genre "Hélix", tout chaud ! »

Quelle est cette comptine ?

On peut conseiller des choix de supports aussi bien dans la presse que dans des revues documentaires, des recueils de poésies etc.

Synonymies

Au lieu de remplacer les noms communs par leur définition dans le dictionnaire, on leur substitue des synonymes ou des locutions équivalentes.

Il est sans doute inutile de souligner la valeur de cet exercice (qui s'éloigne des consignes strictes de ce paragraphe) où l'enfant doit rechercher dans un ouvrage plus spécialisé.

Couplage des difficultés

Il est loisible de mixer les catégories : noms communs et verbes, par exemple.

Cet exercice, plus difficile, demande davantage d'attention et des recherches plus nombreuses. On doit le réserver pour des CM.

Catégories soulignées

Pour plus de facilité, et pour proposer une imprégnation avec la langue, on soulignera les catégories grammaticales pour lesquelles on désirera une recherche.

Cet exercice, à condition que l'extrait soit court, s'adapte bien à des enfants de CE.

Titres masqués

Il s'agit de relever des titres connus de fables, de romans célèbres, d'émissions, etc.

Sur ces courtes phrases on pratique la commutation des définitions pour les noms (les verbes ou les adjectifs). On lit en classe les nouveaux titres et l'on s'amuse à les retrouver.

Ce jeu simple convient bien à des classes de CP ou CE. Il peut, par ailleurs, donner lieu à des séances de *Français mental*, (comme il existe des séquences de Calcul mental), rapides et variées.

Quelques exemples :

La personne qui fait valoir un moulin, son enfant mâle par rapport à son père et à sa mère, et le mammifère domestique, plus petit que le cheval et à longues oreilles.

Le meunier, son fils et l'âne.

Le plus puissant des quadrupèdes carnassiers du genre chat et le mammifère rongeur très répandu sur tout le globe.

Le lion et le rat.

Les nobles de rang inférieur à celui de baron du meuble de bois ou de marbre rond posé sur un ou plusieurs pieds.

Les chevaliers de la table ronde.

Trois êtres appartenant à l'espèce la plus évoluée de la Terre dans un ouvrage flottant de toutes dimensions destiné à la navigation.

Trois hommes dans un bateau.

La femelle du taureau et la personne privée de sa liberté.

La vache et le prisonnier.

Mon bel arbre résineux à tronc droit, à écorce épaisse écailleuse, chef d'état des vastes étendues de terrain plantées d'arbres.

Mon beau sapin, roi des forêts...

Le mammifère carnivore plantigrade et les deux personnes qui partagent habituellement la vie, les occupations d'autres personnes.

L'ours et les deux compagnons.

La grande renommée répandue dans un vaste public de l'homme qui m'a donné naissance.

La gloire de mon père.

Le vieil être humain mâle et la vaste étendue d'eau salée qui couvre une grande partie du globe.

Le vieil homme et la mer.

Exemples tirés d'exercices effectués dans un CE1.

▲ Définitions inverses

À partir d'un texte, les élèves doivent pratiquer des substitutions particulières. En effet lorsqu'ils ont trouvé la définition, ils doivent rechercher celle qui désigne le sens propre si le mot utilisé est au sens figuré et inversement.

Attention, les groupes doivent connaître parfaitement la différence entre sens propre et sens figuré pour pouvoir réussir cette sorte de subversion.

La série précédente requiert des aptitudes précises. L'élève doit être capable de lire et comprendre un récit. Il doit savoir rechercher dans le dictionnaire la définition appropriée et l'adapter grammaticalement à la phrase.

Il doit trier parmi plusieurs définitions proches, celle qui convient et donc comprendre toutes les nuances du passage.

▲ Réécriture

Ici la réécriture peut se pratiquer à partir de la lecture de la même définition d'un mot prélevé dans des dictionnaires différents. L'enfant qui écoute les autres exemples lus peut préférer une autre formulation. Il choisit, dans ce cas, de réécrire son passage en empruntant ce qui convient à son travail.

Dans tous les cas, la réécriture pourra donner lieu à une recherche centrée essentiellement sur la présentation. On conseillera les calligrammes, la confection d'un album de devinettes, l'exposition…

CADAVRE EXQUIS

4

UN JEU SURRÉALISTE

Les poètes surréalistes ont pratiqué ces jeux afin d'obtenir, par le truchement du pur hasard, des rencontres imprévues, des associations rares et libérées de toute contrainte logique. Le titre : *cadavres exquis* est le résultat de l'un de ces jeux.

Appliqués dans nos classes, ils vont donner les moyens grammaticaux, stylistiques et d'ordre créatif, de composer de petits récits ou, plus simplement, des phrases ayant subi certaines transformations.

Le "cadavre exquis" décrit par les surréalistes consiste à écrire une phrase sur une bande de papier; lorsque le premier a terminé, il plie la feuille, laisse simplement apparaître le dernier mot, puis transmet le papier à son voisin qui devra ensuite amorcer une autre proposition à partir du mot visible.

Une fois que la feuille de papier a fait le tour de la classe, l'animateur lit le résultat des écrits.

Souvent des rapprochements cocasses, poétiques ou étranges naissent de cette lecture en continu.

On peut alors explorer ces pistes de manières très diverses : sélection de passages qui ont plu et copie, dialogues sous forme de questions-réponses, réécriture d'un morceau particulièrement motivant, etc. Tout ceci sera repris en détail lors de l'examen des consignes suggérées.

Nous avons sélectionné dans ce chapitre quelques variantes en fonction des compétences diverses qui peuvent être mises en jeu.

CADAVRE EXQUIS

5

AVEC TRAME IMPOSÉE

Au lieu d'inciter à écrire des phrases sans fil conducteur et en se laissant porter par le hasard, il est possible d'obtenir l'amorce de récits. Il suffit d'indiquer à chacun le thème à aborder.

▲ Organisation de la classe

On constitue des groupes de quatre enfants. On attribue à chacun un numéro jusqu'à quatre.

Le premier doit répondre à la question : ..... *Qui était-il (ou qui était-elle) ?*
Le deuxième : .... *Que faisait-il (ou elle) ?*
Le troisième : .... *Que dit-il (ou elle) ou que pensa-t-il (ou elle) ?*
Le quatrième : .... *Qu'arriva-t-il ?*

▲ Du sens, du conte...

Dans ce cas, des récits assez originaux s'amorcent. Des rencontres, quelquefois imprévues, sont porteuses de sens. Il suffit d'encourager les élèves à retoucher ces amorces pour obtenir des écrits convenables qui pourront être travaillés plus tard, enrichis et donner lieu à la réalisation de contes.

Voici des résultats bruts obtenus **en CM2** après première lecture.

C'était une affreuse sorcière, la peau ridée, les dents noires le visage affreux, habillée de guenilles.

Elle chantait, tricotait, dansait et perdait souvent son temps.

Elle pensa tout à coup que les vacances étaient proches. Alors elle sauta de joie,

Elle prit ses jambes à son cou et se dirigea vers la clairière où le Petit Chaperon Rouge l'attendait.

▲ Deux pistes de réécriture

Première amorce

L'enseignant lit les phrases. Les enfants en choisissent quelques unes. Ils les modifient et les relient entre elles de manière à ce qu'elles aient un sens acceptable. Ils orthographient correctement puis illustrent leur travail.

Pour amorcer un récit ou un conte on proposera plutôt le canevas suivant.

Premier élève : *Il était une fois un...* (une)...

Deuxième élève : Il (ou elle) + *action*

Troisième élève : *C'est alors qu'il* (ou elle)...

Quatrième élève : *Heureusement il* (ou elle)...

ou *Mais hélas... Il* (ou elle)...

Deuxième amorce

Pour ce jeu on peut demander au équipes d'amorcer un conte, de recopier le texte sans fautes, enfin de l'illustrer.

CADAVRE EXQUIS

6

AVEC CADRE SYNTAXIQUE

Consignes

Comme pour la fiche précédente, on donne un cadre. Il s'agit alors de générer des phrases qui, par la suite, seront améliorées. Chaque enfant a un numéro et doit répondre à des consignes précises.

N°1 : *Groupe Nominal* singulier.

N°2 : *verbe transitif direct*, 3e personne du singulier.

N°3 : *Groupe Nominal.*

N°4 : *Groupe Pronominal* + Nom.

N°5 : *Quand* + Phrase.

L'exercice se prête à toutes sortes de manipulations grammaticales. En effet, dans chaque sous groupe les N°5, par exemple, peuvent terminer différemment :

- Si + Phrase
- Lorsque + Phrase.
- Puisque + Phrase.
- Dans + Phrase.
- Afin que + Phrase.
- Pour que + Phrase.
- Du moment que + Phrase.
- Comme + Phrase. Etc.

Un grand nombre de subordonnants et de conjonctions de coordination fonctionne dans ce schéma. Il faut toutefois réserver les phrases au subjonctif pour **de bons CM2**, par exemple.

Avec des groupes nominaux au pluriel, on proposera :

N° 1 : *GN* pluriel.

N° 2 : *Verbe transitif direct*, 3ème personne du pluriel.

N° 3 : inchangé.

N° 4 : *GP* + Nom.

N° 5 : *Quand* + phrase... et toutes les suggestions précédentes.

Pour les cycles 2, si les notions de Groupes Nominaux ne sont pas intégrées, on fera suivre l'abréviation des divers déterminants possibles. De cette manière, on jouera aussi sur l'imprégnation de cette catégorie.

Exemple :

N°1 : *GN au singulier* (le, la, ce, cette, une, un, ma, mon, ta, ton, son, sa, notre, votre, leur, l'...) + Adjectif facultatif + Nom.

ou encore :

N°1 : *GN au pluriel* : (les, des, ces, plusieurs, quelques, tes, mes, leurs, certains...) + Adjectif facultatif.

N°3 : *Ce groupe nominal* sera simplement précédé de « le » ou « la ».

N°4 : *GP* (du, de la...) + nom.

Pour aboutir à des phrases poétiques on encouragera les participants à rechercher des mots plutôt peu fréquents dans divers dictionnaires.

Phrases obtenues par des élèves de CM1 (Les adjectifs ont été tirés au sort en ouvrant le dictionnaire au hasard).

Un certain mystère tonique ronge l'océan de l'enfance quand les vacances sont finies.

Son jasmin flexible accroche le tambour de l'espace loin de la ferme.

Le poisson rouge remorque la classe de la paresse dans le petit train des pignes.

▲ Variante

Il est possible d'introduire davantage de liberté au sein de ce groupe de consignes portant sur les structures syntaxiques, en inscrivant au tableau les paradigmes trouvés. Ainsi les équipes choisissent librement les groupes grammaticaux qui leur plaisent.

Ils naviguent intuitivement d'une colonne à une autre et construisent autant d'exemples qu'ils le souhaitent.

▲ Réécriture

On demande alors aux enfants de reprendre les phrases obtenues par pliage et de les rendre plus compréhensibles, plus poétiques en choisissant d'autres syntagmes ou en inventant d'autres groupes.

Les phrases précédentes corrigées, donnent les résultats suivants.

Un certain mystère angoissant ronge le cœur des enfants quand les vacances sont finies.

Son jasmin flexible s'accroche aux vieux murs de la ferme.

Le poisson rouge jaloux remorque les grognements de sa colère dans le grand aquarium.

CADAVRE EXQUIS

7

QUESTIONS-RÉPONSES

Quelles compétences

Les compétences mises en œuvre dans cette série peuvent se résumer ainsi :

Être capable de relier deux ou plusieurs amorces de récits.
Être capable de choisir parmi la multitude de possibilités.
Être capable de procéder aux accords grammaticaux nécessaires.
Être capable d'écrire des phrases aux diverses formes interrogatives.
Être capable d'améliorer des débuts de récits obtenus par le hasard.
Être capable d'écouter les versions lues pour en retenir une à développer.
Être capable de lire un court récit oralement.
Être capable de présenter un court récit de manière correcte et sans fautes.

Questions-réponses alternées

Cet exercice peut se pratiquer comme précédemment, en utilisant une bande de papier que l'on replie.

Les N°1 posent une question.

Les N°2 répondent à une question virtuelle sans connaître le contenu des questions N°1.

Une variante plus rapide, consiste à poser une question sur un morceau de papier, et à donner une réponse à une question fictive sur un autre morceau de papier.

Dans une boîte on rassemble toutes les questions; dans une autre boîte, toutes les réponses. On mélange et on tire au sort alternativement une question et une réponse.

Les « rencontres » sont souvent comiques, bizarres ou curieuses; en tout cas, très souvent inductrices d'un comportement plus créatif.

Questions-réponses avec inversion sujet-verbe

Les N°1 posent une question avec inversion du sujet au masculin.

Ex. : *Le chat miaule-t-il ?*

Les N°2 donnent une réponse avec oui ou non en début de phrase.

– *Oui, c'est plus sûr.*

Même procédé avec un sujet au féminin, puis des questions-réponses au pluriel.

Jeu pratiqué avec un CE2 : Thème : les animaux.

Le chien aboie-t-il la nuit ?
Oui, car il a la corps couvert de poils.

La vache peut-elle courir ?
Non, car elle ne donne pas de lait.

Le lapin mange-t-il de la viande ?
Oui, parce qu'il a quatre pattes.

Est-ce que ?... Oui... Non...

Jeu identique au précédent mais ici la forme diffère.

CE1 Thème : La mer.

Est-ce que les baleines sautent dans l'eau ?
Non, car elles ont des nageoires.

Est-ce que les poissons rouges vivent dans la mer ?
Non, parce qu'ils ont des branchies.

Est-ce que les crabes ont des pinces ?
Non, parce qu'ils ont des écailles.

Pourquoi ? Parce que...

Thème : la nature : Niveau CM1

Pourquoi les orangers ont-ils des épines ?
Parce qu'il n'a pas assez plu.

Pourquoi les citrons ont-ils des pépins ?
Parce que le jardinier n'est pas là.

Pourquoi l'olivier porte-t-il toujours des feuilles ?
Parce que les abeilles piquent.

Il est intéressant de varier les sujets (masculin, féminin, pluriel) afin de faire pratiquer les accords convenables. (cf illustration page 34).

Qu'est-ce que ?... C'est...

Qu'est ce qu'un éléphant ?
C'est un genre d'animal marin.

Où ?... Dans...

Où vit le boa ?
Dans la montagne.

Quand ?... Lorsque...

Quand le cerisier fleurit-il ?
Lorsque le soleil se couche.

Qui ?... C'est...

Qui a découvert les saisons ?
C'est le Petit Chaperon Rouge dans la forêt.

Combien « x » a-t-il (ou elle) de ?... Il (elle) en a...

Combien l'araignée a-t-elle de pattes ?
Elle en a plus que l'année dernière.

À quoi sert ?... Cela sert à...

À quoi sert un crayon ?
Ça sert à nous donner l'heure.

Comment... (fabrique-t-on...) ? On le (la) fabrique avec...

Comment fabrique-t-on le beurre ?
On le fabrique avec de la farine de l'eau et du sel.

▲ Questions-réponses successives

Ces gammes obligent à poser une succession de questions (3 ou 4) et, parallèlement de répondre à 3 ou 4 questions.

Exemple :

Qu'est ce que la vie ?
Qu'est ce qu'un stage ?
Qu'est ce que la lumière quand on est dans la nuit ?
Qu'est ce que l'univers lorsqu'on est une poussière ?
Qu'est ce que la poésie ?

Réponses :

C'est un piano sans notes.
C'est être intelligent.
C'est travailler et prendre de la peine.
C'est idiot comme question.

Groupe 26 : élèves instituteurs, IUFM Nice.

CADAVRE EXQUIS

8

JEU DES EMBOÎTEMENTS

▲ Les règles du jeu

On procède comme pour les questions-réponses avec deux morceaux de papier; on fait inscrire sur le premier une phrase commençant par un mot imposé ou une proposition, puis on demande de construire une autre phrase sur l'autre morceau de papier commençant par une autre amorce. On lit alternativement un papier puis l'autre.

Exemple : *Il faut que je* ou tu, nous, vous etc (mot imposé) *afin que je*, tu, il, etc.

Il faut que nous partions à l'école/*afin que* vous fassiez du karaté.

Il faut que je travaille/*afin que* je m'endorme. (*CM2*).

On peut ainsi travailler de nombreuses notions grammaticales ainsi que la conjugaison.

Par exemple avec « suppose que —- et « que », « si » —- et « si », « je désire —- pour », « nous souhaitons que —- pour », « je veux que —- pour », « il suffirait que —- pour » etc.

▲ Réécriture

Pour certains exercices d'entraînement du type « Questions-réponses », on demandera de recopier deux trois ou quatre couples sans fautes. Munis des papiers qui ont servi à produire ces phrases, les élèves ont le loisir de composer d'autres couples à l'infini. Pour les autres consignes, on peut demander de développer un petit récit, ou de raccorder deux ou trois idées données par le jeu.

Prendre la précaution de faire corriger les phrases inscrites sur les papiers avant toute réécriture. Ceci peut se pratiquer en équipes : chacun aura à corriger une dizaine de bulletins.

Suppose que (pluriel) + et qu'ils ou elles

Phrase retenue : suppose que les poissons de l'aquarium se disputent/et qu'ils aillent se promener dans la campagne (*CM2*).

UN MOT POUR UN AUTRE

9

PERMUTATIONS

▲ Les règles du jeu

Cette série de gammes a pour but de faire manipuler des catégories sur l'axe syntagmatique.

L'activité consiste à permuter, dans un texte, le premier substantif avec le dernier, puis le deuxième avec l'avant dernier et ainsi de suite jusqu'à la fin.

Au cours de ces manipulations il faut constamment penser aux accords. La lecture du texte devenu bizarre, fait comprendre le rôle primordial du choix des mots et leur relations avec la pensée.

Exemple :

Un affreux *gamin* ne cesse de courir dans les *travées* d'un *avion*. Il bouscule les *hôtesses* et les *stewards*, renverse les *plateaux*, enfin importune tous les *voyageurs*. Un *monsieur*, excédé, lui dit alors.

- Mon *garçon*, pourquoi ne vas-tu pas jouer dehors ?

D'après Télé Z

Transformation effectuée par des élèves de CM1 :

Un affreux *garçon* ne cesse de courir dans les *messieurs* d'un *voyageur*. Il bouscule les *plateaux*, renverse les *stewards*, enfin importune toutes les *hôtesses*. Un *avion* excédé lui dit :

– Mon *gamin*, pourquoi ne vas-tu pas jouer dehors ?

À partir de ce principe, d'assez nombreux exercices peuvent donner lieu à un entraînement spécifique.

▲ Double permutation

Dans le paragraphe précédent on a vu que les textes obtenus ont une allure surréaliste, ce qui met bien l'accent sur le rôle primordial du vocabulaire.

Cependant, si l'enseignant préfère aboutir à un paragraphe classique, il peut opérer ainsi.

Il effectue lui-même la commutation voulue, puis il distribue son texte à la classe. La consigne est alors, de rétablir un sens convenable.

Cette pratique est valable pour toutes les variantes qui vont être décrites ci-dessous.

Permutation de verbes

Cette série de gammes est très intéressante lorsque l'on veut pratiquer la conjugaison de manière souple. En effet, l'exercice conduit inévitablement les groupes à jouer sur les temps et les personnes.

L'enseignant distribue un texte sur lequel il a opéré diverses permutations de verbes. Il distribue en expliquant que l'imprimeur a fait une erreur. On laisse quelques minutes de réflexion puis un enfant découvre le principe de permutation. On demande alors de rétablir l'ordre en se souciant du sens et de la correction du style.

Texte distribué après commutations du maître :
« Des légionnaires *font* leur camp pour la nuit. Ils *utilisent* d'abord une bande de terrain. Puis ils *font* une tranchée de 2 mètres de large. La terre qu'ils *attachent* forme un rempart de 1,25 mètres de haut qu'ils *plantent* d'herbe. Les piquets de bois sont alors *recouverts* en haut du rempart et *retirés* ensemble pour en *creuser* une palissade. Les légionnaires *choisissent* des pioches des paniers et des pelles pour *construire* ces travaux ».

Des contresens éveillent la curiosité des groupes et les incitent à rechercher pourquoi ces anomalies figurent dans ce paragraphe.

Texte obtenu dans un CM2 :
« Des légionnaires construisent leur camp pour la nuit. Ils choisissent d'abord une bande de terrain. Puis ils creusent une tranchée de 3 mètres de large. La terre qu'ils en retirent forme un rempart de 1,25 mètres de haut qu'ils recouvrent d'herbe. Les piquets de bois sont alors plantés en haut du rempart et attachés ensemble pour faire une palissade.
Les légionnaires utilisaient des pioches, des paniers et des pelles pour faire ces travaux (1) ».

Le texte écrit par les groupes a conservé le temps présent (utilisent, faire). On remarque les transformations induites par cet exercice : de l'infinitif en verbe conjugué et inversement ; du singulier au pluriel et du pluriel au singulier, du participe passé à des temps conjugués, etc.

Permutation d'adverbes

Si l'on choisit un texte de type prescriptif, la permutation des adverbes du texte ou d'un écrit déjà manipulé est une excellente approche du rôle des adverbes dans la phrase, notamment leur action sur un verbe, un autre adverbe ou un adjectif.

1. D'après Windrow, *Les légionnaires romains*, Hachette jeunesse, Paris, 1985.

Exemple de recette de cuisine : « Crème glacée aux framboises », *texte original à rétablir.*

Presser *assez* les framboises pour obtenir la quantité de jus nécessaire. Ajouter le sucre et tourner *soigneusement* jusqu'au moment où il est fondu. Le faire *bien* épaissir *progressivement.* Ajouter la crème fouettée; mélanger *très.* Au bout d'une demi-heure remuer *patiemment* avec une spatule *doucement* grosse.

Presser *doucement* les framboises pour obtenir la quantité de jus nécessaire. Ajouter le sucre et tourner *patiemment* jusqu'au moment où il est fondu. Le faire épaissir *très progressivement.* Ajouter la crème fouettée; *bien* mélanger. Au bout d'une demi-heure remuer *soigneusement* avec une spatule *assez* grosse.

On remarque que les adverbes ne sont pas interchangeables; par exemple on ne dit pas « mélanger très ».

Par cette confrontation avec le sens l'enfant, même s'il ne connaît pas la valeur des adverbes va pouvoir établir des classements; il sera très facile par la suite de donner une nomenclature.

Remarque : même avec des groupes qui ne savent pas déceler les adverbes, il suffit de les souligner dans le texte pour que ces diverses opérations et manipulations soient possibles.

▲ Permutations d'adjectifs

Même principe que précédemment. L'enfant doit accorder en genre et en nombre et, quelquefois antéposer l'adjectif au lieu de le postposer.

▲ Permutations de mots outils

Ici l'on procède par catégories; par exemple, les conjonctions de coordination ou les pronoms relatifs, ou encore les conjonctions de subordination. On ne doit pas mélanger afin de bien faire apparaître les nuances à l'intérieur des sous-ensembles.

Exemple de texte manipulé par des élèves de CM2:

• *Cependant* cela ne répondait point encore à mes fins, qui étaient d'avoir un pot pour obtenir un liquide *et* aller au feu, ce qu'aucun de ceux que j'avais n'aurait pu faire. *Mais* au bout de quelque temps, il arriva que, ayant fait un assez grand feu pour rôtir de la viande, je trouvai dans le foyer un tesson d'un de mes pots de terre cuit dur comme une pierre *et* rouge comme une tuile. Je me dis qu'assurément ma poterie pourrait se faire cuire en son entier *car* elle cuisait bien en morceaux. Je plaçai *donc* trois grandes cruches *et* deux *ou* trois autres pots, en piles les uns sur les autres, sur un gros tas de cendres chaudes, *et* j'allumai un feu de bois tout alentour. J'entretins le feu sur tous les côtés, jusqu'à ce que j'eusse vu mes pots rouges de part en part. Je les maintins à ce de gré pendant cinq *ou* six heures, puis diminuai mon brasier graduellement. Ayant veillé toute la nuit, *sinon* le feu se serait éteint, au point du jour je me vis possesseur de trois excellentes... je n'ose pas dire cruches *et* deux autres pots aussi bien cuits (1).

• *Et* cela ne répondait pas encore à mes fins, qui étaient d'avoir un pot pour contenir un liquide, *sinon* aller au feu ce qu'aucun de ceux que j'avais n'aurait pu faire. *Ou* au bout de quelque temps, il arriva que, ayant fait un assez grand feu pour rôtir de la viande, je trouvai dans le foyer un tesson d'un de mes pots de terre cuit dur comme une pierre *et* rouge comme une tuile... Je me dis qu'assurément ma poterie pourrait se faire cuire en son entier *et* elle cuisait bien en morceaux... Je plaçai *ou* trois grandes cruches et deux *donc* trois autres pots en pile les uns sur les autres sur un gros tas de cendres chaudes, *car* j'allumai un feu de bois tout alentour. J'entretins le feu sur tous les côtés, jusqu'à ce que j'eusse vu mes pots rouges de part en part. Je les maintins à ce degré pendant cinq *et* six heures, puis diminuai mon brasier graduellement. Ayant veillé toute la nuit, *mais* le feu se serait éteint, au point du jour je me vis possesseur de trois excellentes... je n'ose pas dire cruches *cependant* deux autres pots aussi bien cuits (1).

Même remarque que pour l'exercice précédent : l'enseignant partira du texte permuté pour que les enfants aboutissent au texte de départ, plus sensé.

▲ Permutations fragmentées

Pour rendre l'exercice plus facile, on demandera de pratiquer des permutations limitées à des paragraphes successifs.

Permutation d'adjectifs pratiquée selon cette méthode :

Extrait d'un journal de voyage.

• *1er jour :* Aujourd'hui j'ai décidé de faire un *beau* voyage dans le pays des *magnifiques* châteaux de la Loire. Je prépare mes *nombreux* colis et les range dans mon coffre *étroit.* Ils y contiennent tant bien que mal (*Texte original*).

1er jour : Aujourd'hui j'ai décidé de faire un *étroit* voyage dans le pays des *nombreux* châteaux de le Loire. Je prépare mes *magnifiques* colis et les range dans mon *beau* coffre (*Texte manipulé*).

• *2ème jour :* C'est le départ ! Je consulte ma carte *routière* et je trace *laborieusement* mon itinéraire, en soulignant en rose les chemins à suivre.

Enfin, je pars, *heureux,* et file dans un paysage *inconnu* (*Texte original*).

2ème jour : C'est le départ ! Je consulte ma carte *inconnue* et je trace *heureux,* mon itinéraire en soulignant en rose les chemins à suivre.

Enfin je pars *laborieusement,* et file dans un paysage *routier* (*Texte manipulé*).

---

1. D'après *Vendredi ou la vie sauvage*, Michel Tournier, Gallimard, 1966.

Permutations de proche en proche

Gamme plus facile puisqu'il suffit de permuter les catégories choisies, deux à deux.

Un immense brin d'herbe
Une toute petite forêt
Un ciel tout à fait vert
Et des nuages en osier
Une église dans une malle
La malle dans un grenier...

J. Prévert (1)

Un immense brin de forêt
Un tout petit brin d'herbe
Un nuage tout à fait vert
Et des cieux en osier
Une malle dans une église
Le grenier dans une malle...

Élèves de CM1

Permutations de circonstanciels

Ce type de permutation engage un travail très intéressant au niveau de la grammaire. En effet, à partir d'un texte, les scripteurs doivent déceler les groupes permutables au sein de la phrase et les placer en divers endroits.

On peut proposer de varier les lieux dans la phrase et d'en imposer un nombre restreint. L'important est de commenter les effets de sens obtenus. Ces manipulations montrent à ceux qui les pratiquent les raisons des déplacements et marquent la nature des groupes soumis à ces permutations.

Pour les plus jeunes qui ne savent pas encore déceler les circonstanciels, l'exercice est davantage formateur puisqu'il permet de faire manipuler ces groupes sans pour autant être capable de leur donner un nom. C'est précisément cela le travail du texte. Par la suite, il sera bien plus facile de mettre une étiquette et surtout de comprendre le genre de fonctionnement grammatical.

1. Jacques Prévert, *Histoires*, Gallimard, 1972.

UN MOT POUR UN AUTRE

10

COMMUTATIONS

Alors que l'entraînement précédent se pratiquait sur l'axe syntagmatique, ici nous allons exercer l'axe des évocations ou axe paradigmatique. Deux compétences différentes sont nécessaires : l'une pour exprimer sa pensée, l'autre pour la parfaire et trouver un vocabulaire riche et précis c'est-à-dire, réécrire pour mieux dire.

Comme précédemment on peut commuter toutes les catégories grammaticales. Mais il faut proposer une contrainte.

▲ Commutations d'ordre lexical

Les mots d'un texte distribué vont être remplacés par d'autres. Cet exercice joue sur l'aspect arbitraire du signe. Pourquoi nommer tel objet *table* plutôt que *masque* ?

Après avoir expliqué ce qu'est l'arbitraire dans le choix qu'a fait notre langue des mots que nous utilisons, il est alors possible de désobéir à cette loi.

Voici la fable *La cigale et la fourmi* de Jean de la Fontaine réécrite avec un autre vocabulaire par des élèves de **CE2**.

La girafe et la lionne

La girafe ayant chanté
Tout le siècle
Se trouva fort malhonnête
Quand l'ouragan fut venu :
Pas un seul petit morceau
De miel ou de hamburger.
Elle alla crier au feu
Chez la lionne sa voiture,
La priant de lui punir
Quelque foin pour s'abriter
Jusqu'à la salade nouvelle.
« Je vous parlerai, lui dit-elle,
Avant l'orage ferme d'abricot,
Intensité et particulier. »
La lionne n'est pas acheteuse
C'est là sa minime défaillance.
«Que faiblissiez-vous au tube cher
Dit-elle à cette glorieuse.
— Chaud et froid à tout va
Je chapardais, ne vous défrise.
— Vous chapardiez ? J'en suis fort acide :
Eh bien ! Chahutez maintenant.»

On remarquera l'influence de la structure du signe, soit en faveur du signifiant (par exemple : *famine* pour *feu* ou *voiture* pour *voisine*) soit en faveur du signifié (*girafe* pour *cigale* ou *chapardais* pour *chantiez*).

▲ Commutations d'adjectifs

Dans un paragraphe, on doit changer les adjectifs par d'autres dont le sens devra être équivalent.

C'est un entraînement fructueux à la recherche du mot juste et qui enrichit le vocabulaire.

L'entraînement peut devenir plus difficile si l'on ajoute une contrainte telle que : remplacer les adjectifs du texte par d'autres commençant par la même lettre.

Exemple :

• Texte proposé : *La servante et la fiancée* d'après Grimm.

«Il y avait une fois une jeune fille qui était jolie mais négligente et paresseuse. Quand on l'obligeait à filer, elle s'en acquittait avec ennui, et, plutôt que de démêler les petits flocons de filasse qui se trouvaient dans le lin, elle en arrachait des poignées tout entières qu'elle jetait à terre auprès d'elle.

Sa servante qui était une fille laborieuse, ramassait tous ces brins de filasse, les nettoyait, les filait bien fin, et elle s'en fit faire une jolie robe.

Un jeune homme avait demandé la gaspilleuse en mariage, et la noce allait se faire. Le soir avant ce grand jour, l'active servante dansait gaiement avec sa robe neuve. La future se mit à chanter :

La fillette se fait gloire
Des restes de mon fuseau.

Le fiancé lui demanda ce qu'elle voulait dire. Elle lui raconta qu'avec le lin qu'elle avait jeté au rebut, sa chambrière s'était fait une robe.

Le jeune homme, apprenant cela, et voyant que l'une était nonchalante et l'autre active, laissa sa fiancée et prit la servante pour femme.»

• Texte manipulé (CM2)

«Il y avait une fois une fille jeunette qui était fort joliette mais nonchalante et passive. Quand on l'obligeait à filer, elle s'en acquittait avec ennui, et, plutôt que de démêler les plumeux flocons de filasse qui se trouvaient dans le lin, elle en arrachait des poignées tout entières qu'elle jetait à terre auprès d'elle.

Sa servante qui était une fille leste, ramassait tous ces brins de filasse, les nettoyait, les filait bien fin et elle s'en fit faire une joyeuse robe.

Un homme juvénile avait demandé la gâcheuse en mariage, et la noce allait se faire. Le soir avant ce jour, l'agile servante dansait gaiement avec sa robe nouvelle. La future se mit à chanter :

La fillette se fait gloire
Des restes de mon fuseau.

Le fiancé lui demanda ce qu'elle voulait dire. Elle lui raconta qu'avec le lin qu'elle avait jeté au rebut, sa chambrière s'était fait une robe.

L'homme juvénile apprenant cela, et voyant que l'une était négligée et l'autre affairée, laissa là sa fiancée et prit la servante pour femme.»

Pour réussir un tel exercice les équipes doivent utiliser plusieurs dictionnaires, et plus précisément le dictionnaire des synonymes. S'il est impossible de trouver un mot qui puisse convenir, on permet de conserver le même ou un autre ne commençant pas forcément par la lettre imposée.

• Même exercice avec un CE2 mais sans contrainte alphabétique.

Il y avait une fois une fille d'une *dizaine d'années* qui était *belle* mais *peu soigneuse* et *fainéante*. Quand on l'obligeait à filer, elle s'en acquittait avec ennui, et, plutôt que de démêler les *minuscules* flocons de filasse qui se trouvaient dans le lin, elle en arrachait des poignées tout entières qu'elle jetait à terre auprès d'elle.

Sa servante qui était une fille *travailleuse*, ramassait tous ces brins de filasse, les nettoyait, les filait bien *fin* et elle s'en fit faire une *jolie* robe. Un homme *très peu âgé*, avait demandé la *dépensière* en mariage et la noce allait se faire. Le soir avant ce beau jour, la servante dynamique dansait gaiement avec sa nouvelle robe. La future se mit à chanter :

La fillette se fait gloire
Des restes de mon fuseau.

Le fiancé lui demanda ce qu'elle voulait dire. Elle lui raconta qu'avec le lin qu'elle avec jeté au rebut, sa chambrière s'était fait une robe.

L'homme *très peu âgé*, apprenant cela et voyant que l'une était peu *soigneuse* et l'autre *dynamique*, laissa sa fiancée et prit la servante pour femme.

▲ Commutations de verbes et d'adverbes

Même principe. Les groupes doivent trouver d'autres verbes et/ou adverbes remplaçant ceux du texte distribué.

On peut varier la consigne et ajouter que les mots commutés doivent, par exemple, commencer par une lettre de l'alphabet chaque fois différente.

Exemple (CM1) :

Commuter les verbes selon l'alphabet « a, b, c, d, e, » etc. (D'après *Le bœuf et l'enfant* de Victor Hugo).

• «Comme la diligence *descendait* une côte au galop, un pauvre bœuf *effrayé* s'est *jeté* dans une broussaille. Un petit garçon de quatre ou cinq ans, qui le *conduisait*, lui *a pris* la tête et la lui *a cachée* dans sa poitrine en le *flattant* doucement de la main. Il *faisait* à ce bœuf ce que sa mère lui *fait* sans doute, à lui enfant.

Le bœuf, *tremblant* de tous ses membres, *enfonçait* avec confiance sa grosse tête *ornée* de cornes énormes entre les bras de l'enfant, *en jetant* de côté un coup d'œil *effaré* sur la diligence, *emportée* par six mules avec un horrible bruit de grelots et de chaînes. L'enfant *souriait* et lui *parlait* tout bas. Rien de touchant et d'admirable comme de *voir* cette force brutale et aveugle gracieusement *rassurée* par la faiblesse intelligente.»

• «Comme la diligence *a*bordait une côte au galop, un pauvre bœuf *b*albutiant s'est *c*aché dans une broussaille. Un petit garçon de quatre ou cinq ans qui le *d*irigeait, lui a *e*mbrassé la tête et la lui a *f*ourrée dans sa poitrine en le *g*rattant doucement de la main. Il *h*urlait à ce bœuf ce que sa mère lui *i*nculquait sans doute, à lui enfant.

Le bœuf, *j*ouant de tous ses membres, *l*evait avec confiance sa grosse tête *m*unie de cornes énormes entre les bras de l'enfant, en *n*égociant de côté un coup d'œil *o*bstiné sur la diligence, *pr*opulsée par six mules avec un horrible bruit de grelots et de chaînes. L'enfant *q*uestionnait et le *r*assurait tout bas.

Rien de *t*ouchant et d'admirable comme de *s*entir cette force brutale et aveugle gracieusement *t*empérée par la faiblesse intelligente.»

Ici les équipes doivent maîtriser les conjugaisons, (temps, personnes) mais aussi obéir aux contraintes de transitivité des verbes.

Commutations de coordonnants

À partir d'un texte distribué, le maître demande aux enfants de souligner une catégorie de mots outils : par exemple, toutes les conjonctions de coordination.

Ensuite, il propose de remplacer les mots soulignés par des équivalents ou par des signes de ponctuation.

Commutations de subordonnants

À partir d'un texte, les élèves doivent sélectionner tous les pronoms relatifs ou toutes les conjonctions de subordination et les remplacer par des mots de même nature se rapprochant le plus possible du sens initial. Dans ce cas, il est important de préciser que l'utilisation ou la suppression des signes de ponctuation résout beaucoup de difficultés.

Commutations de déterminants

À partir d'un paragraphe les équipes de deux élèves doivent remplacer les déterminants par d'autres de sens sensiblement équivalent.

Exemple (CM1):

(D'après Jules Verne, *Le tour du monde en 80 jours).*

• *«La* nuit était froide. À *l'*intérieur du bungalow, *le* Parsi alluma *un* feu de branches sèches dont *la* chaleur fut très appréciée. *Le* souper se composa *des* provisions achetées à Kholby. *Les* voyageurs mangèrent en gens harassés et moulus. *La* conversation, qui commença par *quelques* phrases entrecoupées, se termina bientôt par *des* ronflements sonores. *Le* guide veilla près de Kioumi, qui s'endormit debout, appuyé au tronc d'un gros arbre. Quelques rugissements de guépards et de panthères troublèrent parfois *le* silence, mêles à des ricanements aigus de singes. Mais *les* carnassiers s'en tinrent à *des* cris... et ne les attaquèrent pas.»

• «Cette nuit était froide. À *l'*intérieur du bungalow *un* Parsi alluma *le* feu de branches sèches et *sa* chaleur fut très appréciée. *Ce* souper se composa *de quelques* provisions achetées à Kholby. *Nos* voyageurs mangèrent en gens harassés et moulus. *Notre* conversation qui commença par *certaines* phrases entrecoupées, se termina bientôt par *quelques* ronflements sonores. *Notre* guide veilla près de Kioumi qui s'endormit debout, appuyé au tronc d'un gros arbre. *Des* rugissements de guépards et de panthères troublèrent parfois ce silence, mêlés à *certains* ricanements aigus de singes. Mais *ces* carnassiers s'en tinrent à *quelques* cris... et ne les attaquèrent pas.»

On remarquera l'intérêt de ce jeu qui permet de mettre l'accent sur l'épreuve de commutation et son rôle pour déceler les éléments d'une même famille grammaticale. Par exemple **les** devant **carnassier** a pu être remplacé par *ces* et aurait pu l'être par **quelques** ou **des** qui sont des déterminants tandis que *les* devant **attaquèrent** ne commute pas avec l'un d'eux ; il ne fait pas partie du même ensemble et n'obéit pas aux mêmes règles notamment pour le pluriel.

UN MOT PLUS D'AUTRES

11

N + ADJ./V + AD.

Les règles du jeu

Pour réaliser les écrits qui illustrent ce chapitre nous sommes partis d'un texte objectif et neutre tiré d'un manuel de mathématiques. Puis, à chaque substantif du texte, nous avons accolé un ou plusieurs adjectifs.

La même consigne peut être proposée à des cycles 2 ou 3.

On prendra soin d'ajouter que tout adjectif ne peut être utilisé qu'une seule fois.

Cette pratique fait réfléchir sur la valeur et le rôle des adjectifs dans une phrase; elle oblige aussi à penser la « place » et la forme des mots insérés.

Mais ce n'est pas uniquement un jeu sur des particularités grammaticales, c'est également l'occasion de découvrir le pouvoir de connotation ou de coloration de cette catégorie.

Pour illustrer ce qui précède nous allons décrire les diverses variantes possibles.

N + A

Dans l'exercice classique, on accole systématiquement un adjectif au substantif trouvé.

On peut aussi proposer d'accoler un qualifiant : dans ce cas l'enseignant admet les adjectifs, les compléments du nom, les relatives, les infinitives etc.

C'est une bonne préparation à la comparaison de ces ensembles, à la découverte des substitutions possibles et, par conséquent, à une meilleure utilisation stylistique des outils manipulés.

Énoncé de départ:

Plie une feuille de papier en deux et marque bien le pli en le passant entre le pouce et l'index. Plie à nouveau en deux de manière à amener une partie du pli précédent sur l'autre.

Marque bien le nouveau pli.

Déplie la feuille entière; pose-la sur la table. Tu as obtenu deux *lignes droites perpendiculaires*.

On dit que deux lignes droites perpendiculaires forment des *angles droits*.

Avec quel instrument traces-tu une ligne perpendiculaire à une autre?

Montre les côtés perpendiculaires de ton équerre.
Comment faire pour tracer deux lignes droites perpendiculaires à (D), l'une passant par A, l'autre passant par B ?
Regarde la figure.
Place ta règle qui ne bougera plus.
Place l'équerre à la position *départ*.
Fais glisser l'équerre le long de ta règle jusqu'à ce que tu puisses tracer une ligne droite passant par A, puis une droite passant par B.

Énoncé obtenu :

Plie *énergiquement* une *forte* feuille de papier *rebelle* en deux et marque bien et *nettement* le pli *indocile* en le passant *avec assurance* entre le pouce *musclé* et l'index *vigoureux*.
Plie à nouveau *efficacement* en deux de telle manière à amener *prestement* une partie *vive* du pli précédent sur l'autre.
Marque bien *vigoureusement* le nouveau pli formé *rapidement*.
Déplie *carrément* la feuille entière ; pose-la *franchement* sur la table *massive*.
Ta as obtenu *résolument* deux lignes *très* droites perpendiculaires.
Ont dit *hardiment* que deux *magnifiques* lignes droites perpendiculaires forment *infailliblement* des angles *impeccablement* droits.
Avec quel instrument *dynamique* traces-tu *lestement* une ligne *tout à fait* perpendiculaire à une autre ?
Montre *catégoriquement* tous les côtés perpendiculaires de ta *parfaite* équerre.
Comment faire pour tracer *promptement* deux *impatientes* lignes droites perpendiculaires à (D), l'une passant *vite* par A, l'autre passant *au galop* en B ?
Regarde *fixement* la figure.
Place *avec détermination* ta règle qui ne bougera plus *du tout*.
Place *résolument* l'équerre *impatiente* à la position départ.
Fais glisser *franchement* l'équerre le long de ta règle *rigide* jusqu'à ce que tu puisses tracer *inéluctablement* une ligne droite passant *allégrement* en A, puis une droite passant *rondement* par B.

Les énoncés de mathématiques qui précèdent mettent en évidence les multiples possibilités d'effets de sens que l'on peut obtenir.

▲ N + A guidé

Pour certains élèves du cycle 2 il est bon de distribuer un texte où les mots à traiter seront soulignés. On évite ainsi les difficultés inhérentes à la découverte d'une catégorie.

Enfin c'est une occasion de travailler et de faire découvrir un domaine par imprégnation, de le nommer et, par la suite de le définir grammaticalement.

▲ N + A avec liste

Le maître inscrit une liste d'adjectifs au tableau. Les équipes doivent accoler un adjectif de cette liste à chaque substantif du texte distribué. Elles n'ont pas le droit d'inscrire deux fois le même adjectif.

Prévoir une liste toujours plus longue que le nombre d'adjectifs utiles.

N + A avec coloration suggérée

Même principe que précédemment en utilisant les qualifiants, mais on suggère une coloration générale de la page.

Pour les textes qui illustrent ce chapitre on avait suggéré les attitudes suivantes :

Lent, rapide, curieux, timide, impatient, dynamique, endormi, sale, méchant, sportif, intellectuel, amoureux, dégoûté, passionné, bègue, minutieux, gourmand... etc.

V + A

À tous les verbes d'un texte, on associe un adverbe chaque fois différent.

V + A guidé. V + A avec liste

Pour mettre ce jeu à la portée d'enfants ne connaissant pas l'existence de verbes, ni d'adverbes, on distribue un texte dans lequel les verbes sont soulignés; on propose une liste d'adverbes possibles. Les groupes doivent compléter le texte de manière à ce qu'il soit correct et ait un sens.

V + A et N + A

Dans ce genre d'écrit on mêle les deux consignes.

Un texte étant distribué on demande d'accoler un ou plusieurs adjectifs aux substantifs découverts et de faire de même pour les verbes avec des adverbes.

L'absence d'accord pour les adverbes s'oppose au fonctionnement des adjectifs sur ce point et met en lumière ces particularités, cela d'une manière naturelle.

Mais, pour être efficace, cet exercice doit être effectué après un entraînement concernant N + A.

N + A, V + A avec texte poétique

On distribue un texte poétique qui se prêté assez facilement à l'ajout d'un ou plusieurs adjectifs pour chaque substantif. Les équipes travaillent les accords et la syntaxe comme précédemment; mais ici jouent déjà des compétences portant sur des choix subtils de rythme de sonorités d'allitérations ou d'assonances que certains repèrent déjà et essaient de respecter intuitivement.

Pour ces raisons, ce jeu nous semble être une très bonne initiation active à la langue poétique et à ses valeurs. Afin d'illustrer ce propos voici un jeu pratiqué par un élève de CM1 sur la poésie : *Chanson d'automne* de Verlaine.

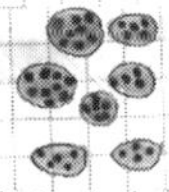

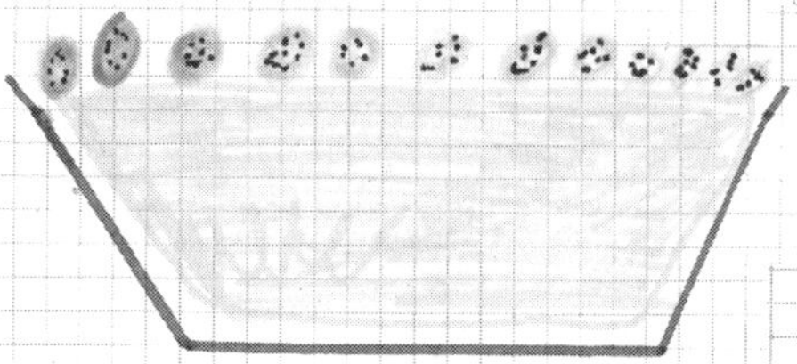

Recettes

Le bon gâteau aux mirabelles sauvages

Casser les oeufs frais en séparant les blancs liquides des jaunes mous. Dans un grand saladier, travailler les jaunes fragileset le sucre blanc j'usqu'à ce que le mélange parfait blanchisse. Ajouter la farine fine et la levure beige. Bien travailler la pâte épaisse qui ne doit pas faire de vilainsgrumeaux. Incorporer les petits suisses nature un à un en mélangeant bien. Battre les beaux blancs en neige et les incorporer à la bonne préparation précédente. Beurrer un gros moule à manqué. Y verser la splendide pâte. Egoutter les belles mirabelles et les poser sur la bonne pâte. Faire cuire 1 petite heure à four moyen. Servir tiède ou bien froid.

Tiffany et Yvan. Ecole de Gattières

Les sanglots lents et longs
Des tristes violons
De l'automne brumeux
Blessent mon cœur malheureux
D'une interminable langueur
Monotone.

Tout suffoquant transi
Et blême, quand
Sonne l'heure indéfinie,
Je me souviens
Des beaux jours anciens
Et je pleure.

Et je m'en vais
Au vent mauvais et indompté
Qui m'emporte
Deçà, delà,
Pareil à la
Feuille morte et écrasée.

Pour cet écrit un dictionnaire des rimes et un dictionnaire des synonymes ont été utilisés par les enfants. Une explication du texte, l'écoute d'un disque avaient préparé la classe à recevoir ce poème; mais c'est surtout sur la tonalité que le maître a insisté.

▲ Réécriture

La série de jeux sur les adjectifs et les adverbes doit, le plus souvent possible, initier les élèves à la pratique de la réécriture. En effet, le type de manipulations demandé est d'ordre grammatical, certes, mais aussi, et surtout, stylistique.

Il est donc important de montrer aux enfants que le premier jet, bien que correct au niveau des exigences de la langue, peut n'être pas tout à fait satisfaisant pour la précision de la pensée ou l'aspect esthétique de la phrase.

Voici comment on peut procéder.

Après lecture des écrits par chacun des petits groupes devant la classe, les enfants reprennent leur texte individuellement pour l'améliorer à la lumière de ce qu'ils ont entendu. Ils ont donc droit à des emprunts s'ils les jugent plus précis, plus judicieux ou plus conformes à la consigne que ce qu'ils avaient prévu.

Cette première réécriture est suivie d'une autre. Chaque écrit est repris avec pour tâche de mettre en évidence, par quelque moyen que ce soit (couleurs, Letraset®, collages, encre de chine, calligrammes, traitement de texte, présentation matérielle, mise en page, etc.), la consigne initiale.

UN MOT PLUS D'AUTRES

12

INCLUSIONS

Inclusion : « *Action d'inclure; son résultat... Corps étranger (solide, liquide ou gazeux) enfermé dans un cristal.* » (Dictionnaire encyclopédique Hachette).

Il suffit d'inclure dans un texte ou un récit un ou plusieurs mots, une ou plusieurs propositions, un autre texte etc.

Mais cette opération doit être réalisée en respectant le contenu et la forme de l'écrit qui sert de support.

Les propositions de ce chapitre sont inspirées de l'exercice Oulipien intitulé *Le Centon.*

Dans les pages suivantes nous décrirons les types de variantes possibles, le niveau d'utilisation ainsi que les compétences originales que le jeu développe chez les enfants.

▲ Inclusions de substantifs

La classe est divisée en petites équipes de deux élèves (ou trois).

Un texte est distribué. La contrainte consiste à inclure une série de mots dans l'écrit initial en respectant le sens.

Le texte peut aussi être composé par les enfants.

Les mots peuvent être imposés par l'enseignant.

Ils peuvent être donnés par le groupe classe.

Le jeu devient plus contraignant si l'on demande que les mots à insérer le soient dans un ordre bien précis.

Selon la longueur du texte et le nombre de mots à inclure, selon la consigne, ce jeu peut convenir à tous les niveaux (**cycle 2 et 3, 6e, 5e**, etc.)

Pour la fin CP, début CE1 on peut se limiter à deux ou trois mots connus inscrits au tableau ou découpés dans le journal. Ces mots sont collés sur une feuille de papier ou écrits au feutre de couleur et doivent entrer dans la composition de deux ou trois phrases.

Ce type d'inclusions incite à utiliser, d'une manière souple et en situation, toutes sortes de substantifs.

Inclusion de verbes

Comme précédemment, un certain nombre de verbes doivent être placés dans un texte. Il est possible d'alterner des verbes du premier, deuxième et troisième groupe.

Ceux-ci peuvent être conjugués ou à l'infinitif selon les besoins.

Verbes proposés dans une classe de CM1 : *nager, finir, vendre, courir, ramener, laver, lire, compter, rire.*

Ces verbes peuvent être conjugués au gré des groupes, mais jamais aux mêmes temps et personnes.

Texte distribué : les paroles de *Gentil Coquelicot.*

J'ai descendu en courant dans mon jardin
J'ai descendu dans mon jardin,
Pour finir de cueillir du romarin que j'avais ramené de la montagne

J'en n'avais pas cueilli trois brins
J'en n'avais pas cueilli et lavé trois brins qui nageaient dans le seau,
Qu'un rossignol vint sur ma main et ramena sa famille

Il m'a dit et m'a lu trois mots en latin
Il m'a dit trois mots en latin et les a comptés
Que les hommes ne valent rien : je ne ris pas.

Pour éviter un trop grande monotonie au cours de la lecture des écrits, les verbes — ou toute autre liste de mots — peuvent être tirés au sort pour chaque groupe.

Inclusion d'adverbes

Voici une comptine :

En allant chercher mon pain,
Je rencontre trois lapins ;
Je les mets dans mon panier,
Ils se mettent à grignoter :
Je les mets dans mon placard,
Ils me mangent tout mon lard ;
Je les mets au coin du feu,
Ils s'endorment tous heureux.

Le jeu consiste à réécrire cette comptine en plaçant les mots ci-dessous dans la comptine, là où le sens du texte le permet. Il y a plusieurs solutions.

Mots à placer : *Craintivement, vite, là, aujourd'hui, ensuite, goulûment.*

Voici trois textes obtenus dans un CE2.

Aujourd'hui en allant chercher mon pain,
Je rencontre trois lapins ;
Je les mets *là*, dans mon panier,

Ils se mettent à grignoter *craintivement* :
Ensuite, je les mets dans mon placard,
Ils me mangent *goulûment* tout mon lard;
Je les mets *vite* au coin du feu,
Ils s'endorment tous heureux.

En allant chercher mon pain *aujourd'hui*,
Je rencontre *là* trois lapins;
Je les mets *vite* dans mon panier,
Ils se mettent à grignoter :
Je les mets *craintivement* dans mon placard,
Ils me mangent *goulûment* tout mon lard;
Je les mets *ensuite* au coin du feu,
Ils s'endorment tous heureux.

En allant chercher mon pain,
Aujourd'hui je rencontre trois lapins;
Je les mets dans mon panier, *là*,
Ils se mettent à grignoter *goulûment* :
Je les mets dans mon placard,
Ils me mangent *craintivement* tout mon lard;
Je les mets *vite* au coin du feu,
Ensuite, ils s'endorment tous heureux.

La comparaison des textes peut donner lieu à des recherches très fructueuses : observer la place des adverbes dans la phrase, les effets de sens selon l'emplacement, leur fonctionnement.

Avec un texte imposé il faut prendre garde à ce que les mots proposés ne soient pas incompatibles avec l'extrait distribué.

▲ Inclusion d'adjectifs

Ce peut être une liste d'adjectifs qualificatifs, une liste d'adjectifs possessifs, démonstratifs, indéfinis ou interrogatifs, une liste d'adjectifs numéraux cardinaux ou numéraux ordinaux.

Exemple (Inclusion de chiffres et sigles) **:**

Vendredi *13*

Monsieur Bois*vingt*, à bord de sa R*5* recherchait le N° *43* du chemin des « *3* glorieuses » pour visiter un F*4*. Il avait remarqué l'annonce dans le journal alors qu'il regardait distraitement une émission sur les V*2* et les V*6* sur TF*1*.

Enfin il aperçut l'immeuble ! L'appartement portant le N° *26* était situé au *12*ème étage. Quand il entra il vit *36* chandelles : un homme se tenait devant lui un *22* long rifle à la main. Lui n'était pas armé; il avait oublié son P*35*.

— « *22* », les flics cria un homme, et incompréhensiblement tous détalèrent aussi vite qu'une F1 ou qu'un Mystère *4*.

Bois*vingt* fit le *17* et les policiers arrivèrent. Après avoir pris sa déposition, ils lui en remirent une photocopie format A*4*.

«Hé bien pensa M. Bois*vingt*, pour un Vendredi *13* je n'ai pas de chance... un *1*er Avril encore!»

Olivier, 6e

Ce texte a été obtenu après avoir recherché avec toute la classe une liste d'expressions comportant des chiffres. Une fois ce réservoir de mots obtenu, les équipes ont écrit, puis réécrit des textes chaque fois suivis d'un passage du projet au rétroprojecteur. avec commentaires du maître et des élèves.

▲ Inclusion de pronoms

Pronoms personnels, possessifs, démonstratifs, interrogatifs, relatifs, selon les besoins et le niveau.

▲ Inclusion de conjonctions, de prépositions, d'articles, etc.

Lorsque le fonctionnement des diverses catégories est acquis, on peut mixer la nature des mots.

▲ Inclusions d'une suite

Liste de mots dans l'ordre alphabétique ou un ordre donné par tirage au sort.

Suite de nombres.

Noms propres (prénoms de la classe, noms de villages, etc.).

Inclusion d'un paradigme de conjugaison (Je............, tu............, il............, nous............, vous............, ils............), etc.

▲ Inclusion de propositions

On fournit un certain nombre de propositions (relatives, conjonctives, indépendantes...) et le jeu consiste à insérer ces éléments dans un texte en respectant la correction du style.

«Prou

Quand je l'ai connue, elle gîtait dans un vieux jardin noir, oublié entre deux bâtisses neuves, étroit et long comme un tiroir. Elle ne sortait que la nuit, par peur des chiens et des hommes, et elle fouillait les poubelles. Quand il pleuvait, elle se glissait derrière la grille d'une cave, contre les vitres poudreuses du soupirail, mais la pluie gagnait tout de suite son refuge et elle serrait patiemment sous elle ses maigres pattes de chatte errante, fines et dures comme celles d'un lièvre.

Elle restait là de longues heures, levant de temps en temps les yeux verts vers le ciel, ou vers mon rideau soulevé. Elle n'avait pas l'air lamentable, ni effaré, car sa misère n'était pas un accident. Elle connaissait ma figure, mais elle ne mendiait pas, et je ne pouvais lire dans son regard que l'ennui d'avoir faim, d'avoir froid, et d'être mouillée, l'attente résignée du soleil qui endort et guérit passagèrement les bêtes abandonnées. (1)»

Groupe 1 (CM2). Dans le premier paragraphe du texte, insérer les propositions relatives suivantes:

- *Dans lesquelles elle trouvait à manger.*
- *Dont le mur suintait.*
- *Qui se promenait.*
- *Qui était triste.*

NB: vous procéderez aux accords des verbes et des pronoms si nécessaire.

Pico

Quand je l'ai connue, elle gîtait dans un vieux jardin noir qui était triste, oublié entre deux bâtisses neuves, étroit et long comme un tiroir. Elle ne sortait que la nuit par peur des chiens et des hommes qui se promenaient, et elle fouillait les poubelles dans lesquelles elle trouvait à manger. Quand il pleuvait, elle se glissait derrière la grille d'une cave dont les murs suintaient, contre les vitres poudreuses du soupirail, mais la pluie gagnait tout de suite son refuge et elle serrait patiemment sous elle ses maigres pattes de chatte errante, fines et dures comme celles d'un lièvre. Anaïs

1. Colette, *Œuvres,* Gallimard, 1986.

Groupe 2 (CM2). Dans le deuxième paragraphe du texte, insérer 4 propositions subordonnées conjonctives commençant par *quand, comme, que, lorsque.*

Prrou

Elle restait là de longues heures, comme si elle attendait quelqu'un, levant de temps en temps les yeux verts vers le ciel ou vers mon rideau. Elle n'avait pas l'air lamentable, ni effaré, car sa misère n'était pas un accident. Elle connaissait ma figure quand je lui apportais à manger, mais elle ne mendiait pas lorsque j'arrivais, et je pouvais lire dans son regard que l'ennui d'avoir faim, d'avoir froid, et d'être mouillé, l'attente résignée du soleil qui endort et guérit passagèrement les bêtes abandonnées que je recueillais. Olivier

Les jeux précédents peuvent se pratiquer de deux manières :

— Si les groupes ont une bonne connaissance de la nomenclature grammaticale, on fixera comme contrainte : X propositions relatives, X propositions conjonctives ou encore, X propositions subordonnées complétives etc.

— Si les équipes n'ont pas une bonne connaissance de cette nomenclature, on fournira une liste rédigée des propositions.

Variante commune à tous ces jeux:

Au lieu d'imposer les séries de mots, il convient souvent d'élargir la consigne et de déterminer une catégorie et un nombre imposé.

Exemple : Dix articles ou quatre pronoms personnels ou cinq adjectifs possessifs ou encore six conjonctions de coordination, 3 propositions conjonctives, 2 relatives etc.

Cf. *Les Contes du miroir* de Yak Rivais (éd. Neuf en poche, 1988) où il place dans un texte un série de mots anglais « couramment employés dans la langue française », ou, dans un autre, une série de prénoms.

Inclusion d'une phrase dans un texte

Des phrases, des proverbes ou aphorismes sont sélectionnés et doivent, de la façon la plus naturelle, être intégrés dans un écrit.

Cette activité s'adresse à des élèves de cycle 2, cycle 3 et Collèges.

On peut assouplir l'exercice en acceptant que la phrase incrustée le soit en plusieurs morceaux.

Phrase à insérer : *Les chiens aboient, la caravane passe* (6e).

Les bœufs accompagnés des *chiens* vont et viennent lentement. Les mules sont près de la charrue. Les semences volent. On n'a même pas le temps d'arracher les souches noircies et les sillons les contournent. Les bêtes à cornes pataugent déjà dans les prairies marécageuses, les moutons sont sur les collines, les chevaux paissent dans un enclos entouré d'épines ; au loin les fidèles gardiens *aboient*. Au confluent des deux rivières, on élève des terrassements et le ranch s'édifie. Des arbres à peine équarris, des planches de six pouces d'épaisseur entrent dans la construction. Tout est solide, contrairement à l'ancienne *caravane*, grand, vaste, conçu pour l'avenir de la *passe*.

Autre exemple (6e)**:** Le texte n'est pas imposé. Même proverbe.

Dans la ferme des Durand, il y a de nombreux animaux : des bœufs, des vaches, des moutons, des poules, des lapins, des oies, un cheval, un âne et une dizaine de porcs. *Les* paysans ont beaucoup de travail et doivent s'occuper de tout ce petit monde sans compter le travail des champs. Quelquefois, cependant, le maître appelle ses *chiens* qui *aboient* joyeusement, et tous partent à *la* chasse. La promenade est souvent courte car le gibier est très abondant dans cette campagne. M. Durand revient tantôt avec un lièvre tantôt avec une perdrix, tantôt avec un lapin. Il s'arrête à midi pour déjeuner et s'arrange toujours pour être près de l'ancienne *caravane* ; ainsi, à l'abri, tous peuvent se reposer quelques heures. Puis ils reprennent la quête. Encore quelques heures et la chasse se termine avec d'autres victimes. Mais le temps *passe* vite et la ferme est déjà en vue ; demain il faudra reprendre le travail.

Inclusion d'un texte dans un autre

Deux écrits sont distribués. Le jeu consiste à insérer l'un des deux dans l'autre tout en respectant le sens général. Le texte à insérer peut être découpé en phrases, unités minimales imposées. Cet exercice donne de bons résultats avec une série de dialogues.

Des inclusions de textes descriptifs sont assez faciles et illustrent bien les modulations possibles pour ce qui concerne les différents points de vue.

Travail effectué par un groupe (niveau 6ème) par découpage de deux fables de La Fontaine : *Le Loup et le Chien* et *Le Loup et l'Agneau.*

Le loup et l'agneau.

Un loup n'avait que les os et la peau,
Tant les chiens faisaient bonne garde.
Un agneau se désaltérait
Dans le courant d'une onde pure.
L'attaquer, le mettre en quartiers,
Sire Loup l'eût fait volontier;
Mais il fallait livrer bataille...
« Qui te rend si hardi de troubler mon breuvage?
Dit cet animal plein de rage :
Tu seras châtié de ta témérité. »
– Sire répond l'Agneau, que votre Majesté
Ne se mette pas en colère;
Mais plutôt qu'elle considère
Que je me vais désaltérant
Dans le courant
Plus de vingt pas au-dessous d'Elle :
Quittez les bois, vous ferez bien,
Vos pareils y sont misérables,
Cancres, hères et pauvres diables,
Dont la condition est de mourir de faim.
– Tu la troubles reprit cette bête cruelle,
Et je sais que de moi tu médis l'an passé.
– Comment l'aurais-je fait si je n'étais pas né?
Quittez les bois, vous ferez bien :
Car quoi? rien d'assuré : point de franche lippée;
Tout à la pointe de l'épée.
Suivez-moi, vous aurez un bien meilleur destin.
Reprit l'agneau;
– Qu'est cela? lui dit-il.
– Je tette encore ma mère.
Suivez-moi, vous aurez un bien meilleur destin.
– *Quoi?* – Si ce n'est toi c'est donc ton frère?
– Je n'en ai point.
– C'est donc quelqu'un des tiens.
L'attaquer, le mettre en quartiers, Sire Loup l'eût fait volontiers
– il faut que je me venge.
Là dessus, au fond des forêts
Le loup l'emporte et puis le mange.
Cela dit, maître Loup s'enfuit et court encore.

La raison du plus fort est toujours la meilleure.

UN MOT PLUS D'AUTRES

13

COLLAGES DE MOTS

Les règles du jeu

Dans les arts graphiques les collages consistent à placer côte à côte des morceaux de matière sur la toile; il en est de même pour l'écrit où l'on doit agencer toutes sortes de textes, de diverses provenance pour composer quelque chose d'original.

Le *Centon* (qui en Grec signifie *vêtement composé de plusieurs morceaux*) décrit et exploité par les écrivains de l'OULIPO est une variante de collage et nous exploiterons conjointement les deux activités dans ce chapitre.

Avec des enfants des classe élémentaires ou de collège on proposera d'abord des collages simples combinant une, deux ou trois phrases; puis nous décrirons des exercices plus difficiles allant jusqu'au collage de textes.

Comment procéder?

Les petites classes (**CP, CE1**) peuvent pratiquer ce jeu avec profit.

On distribue une feuille sur laquelle des mots des adjectifs, des prépositions des pronoms des déterminants etc., ont été photocopiés. Les groupes devront composer des phrases avec ces éléments.

Évidemment l'enseignant prendra la précaution de reproduire des mots connus par les enfants et plutôt vus les jours précédents.

Plus tard on fera aussi apparaître la ponctuation : quelques points en nombre limité, des virgules, etc. Les équipes devront alors composer X phrases en utilisant ces signes de ponctuation.

Les écrits seront, soit recopiés, soit composés par découpage des éléments.

Variante : Au lieu de fournir des photocopies on laissera les équipes choisir ces éléments dans des journaux et composer l'environnement ainsi que les phrases.

UN MOT PLUS D'AUTRES

14

COLLAGES DE PROVERBES

Les règles du jeu

Le Centon formé de morceaux de proverbes est un très bon entraînement car il oblige à travailler à la fois la forme et le sens.

On distribue une **liste de proverbes simples**. Puis on explique le sens de ceux qui posent problème.

Ensuite, on effectue des rapprochements de sens et de forme entre les phrases distribuées. On regroupe aussi les proverbes de sens opposé. Cette approche peut s'effectuer par équipes qui proposent des classements et en discutent par la suite. Ceci permet une imprégnation et une certaine familiarisation avec ce mode de communication.

Centon guidé

Pour faciliter la création on sélectionne une série de proverbes comportant une subordonnée commençant par *que*.

Voici une liste indicative :

Mieux vaut faire envie que pitié.
Un tiens vaut mieux que deux tu l'auras.
Mieux vaut tenir qu'espérer.
Mieux vaut un petit chez soi qu'un grand chez les autres.
Mieux vaut tard que jamais.
En Mai fais ce qu'il te plaît.
Il faut battre le fer tant qu'il est chaud.
Il faut qu'une porte soit ouverte ou fermée.
Il faut que jeunesse se passe.
Il n'est pire aveugle que celui qui ne voit pas.
On ne prête qu'aux riches.
Tant va la cruche à l'eau qu'à la fin elle se casse.
Deux avis valent mieux qu'un. Etc.

L'enseignant montre que ces proverbes peuvent se scinder en deux, la frontière étant matérialisée par *que*.

Mieux vaut faire envie/que pitié.

En conservant la première partie on va essayer de composer un autre proverbe par collage d'un morceau d'un proverbe quelconque.

Une fois la consigne de création comprise on demande aux groupes de créer des proverbes inédits. En voici quelques uns pris parmi les exercices effectués en **CM** et **6**[e].

Mieux vaut faire envie que dormir sur ses deux oreilles.
On ne prête que loin des yeux
On ne prête qu'un œuf.
Mieux vaut un petit chez soi que péril en la demeure.
Il faut battre le fer tant que les murs ont des oreilles.
Il faut battre le fer tant que jeunesse se passe.
Il n'est pire aveugle que ne pas être dans son assiette.
Il n'est pire aveugle que la vérité qui blesse.
Deux avis valent mieux qu'un bon procès.

Une deuxième étape consiste à créer des proverbes inédits, mais cette fois-ci en les illustrant de définitions ou de commentaires explicatifs.

Ci-dessous, quelques productions d'enfants de **CM**.

Mieux vaut tard qu'un de perdu.
Il vaut mieux attendre un ami que de se fâcher et le perdre.
Mieux vaut un petit chez soi qu'un mauvais arrangement.
Il vaut mieux être propriétaire que locataire.
Mieux vaut tard que perdre sa place.
Il vaut mieux vivre vieux que mourir.

▲ Centon libre

Lorsque les équipes sont bien entraînées, on distribue une liste de proverbes simples. Il s'agit de procéder comme précédemment mais sans être aidé par une conjonction.

Voici quelques phrases composées en classe de **CM**.

Les jours se suivent, la caravane passe.

Les équipes sont invitées à commenter leurs découvertes :

Plus on est de fous plus on prête aux riches.
Les riches n'ont pas besoin d'argent; il faut donc avoir perdu la raison pour leur faire des prêts.
Qui va à la chasse périra par l'épée.
Les chasseurs sont armés et les pauvres bêtes n'ont rien pour se défendre; ce proverbe signifie que les chasseurs devraient être punis.
Il n'est pire aveugle qui se sent morveux.
Celui qui joue à être aveugle alors qu'il y voit très bien, aura toujours des remords.

UN MOT PLUS D'AUTRES

15

COLLAGES DE LOCUTIONS

Les règles du jeu

Même principe que pour les proverbes. Mais dans ce cas, on peut sélectionner des phrases comportant la conjonction *que* ou *comme* ou même celles qui se terminent par *quelqu'un*.

On pourra également se servir de locutions débutant par *avoir* et ajouter un *et* pour former une nouvelle phrase.

Comment procéder

Les locutions conviennent à des élèves du **cycle 2**. Ils peuvent composer deux ou trois centons, les illustrer et, éventuellement, inscrire une définition au bas du dessin.

Avoir la bosse du commerce et un chat dans la gorge.
Avoir du pain sur la planche et le bras long.
Être franc comme chien et chat.
Être sage comme l'or.
Courir comme chien et chat.
Donner un coup de main au chat qui dort.
Donner du fil à retordre à ses grands chevaux.
Donner un coup de pouce à l'œuf de Christophe Colomb.

Avoir du pain sur la planche et le bras long

Donner un coup de pouce à l'œuf de Christophe Colomb

Si on veut relever l'œuf, il faut lui donner un coup de pouce et il sera droit.

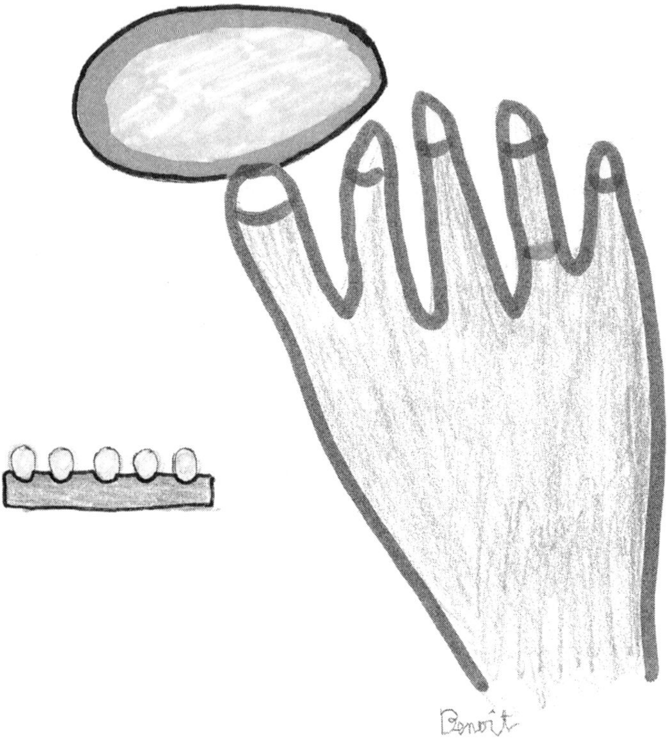

▲ Centon libre avec locutions

On distribue une liste de locutions simples.

On incite ensuite les groupes à composer des centons. Au besoin on en fournira un certain nombre avec les explications nécessaires.

Phrases obtenues en CE2 :

Courir à boulets rouges. Qui vole un bœuf, prend la poudre d'escampette.

Phrases obtenues en classes de CM2 :

Avoir la tête en poupe. Mettre tous les œufs dans le jardin de quelqu'un.

UN MOT PLUS D'AUTRES

16

COLLAGES ET POÉSIE

▲ Centons et cortèges

« *Un vieillard en or avec une montre en deuil*
Une reine de peine avec un homme d'Angleterre. »

Cortèges de J. Prévert (1).

En imitant le procédé utilisé par Jacques Prévert, c'est-à-dire en permutant une partie d'un proverbe ou d'une expression, on invite la classe à créer d'autres types de « cortèges ».

Brûler le champ libre et avoir la politesse.
Clouer en brèche et battre le bec.
Vendre la poule aux œufs d'or et tuer la peau de l'ours.
Sage comme un pot et sourd comme une image. (CM1).

Un jeu plein d'humour consiste à regrouper ces inventions sous un titre générique ce qui permet une plus grande originalité et incite fortement à créer en respectant un thème.

Corps.
Avoir les dents fines et l'oreille longue.
Avoir les jambes dans la poche et les yeux à son cou.

Arc en ciel.
Une peur jaune et un rire bleu.
Une série verte et une saison noire.

Zoo.
Un œil de lièvre et un bec de perdrix.
Une patte de lynx et un œil d'éléphant.

Exotisme.
Faire des châteaux en Chine et le mur en Espagne.
Être dans le désert et prêcher dans la lune. (CM2)

Ces phrases incitent souvent les équipes à écrire des textes courts et souvent comiques.

---

1. Extrait de *Paroles*, Gallimard, 1976.

▲ Centon poétique

On distribue trois ou quatre poèmes connus, de préférence ayant un rythme identique.

Une autre poésie doit être composée avec les morceaux des premières. En choisissant le même thème on facilitera la créativité. La Collection «Folio junior» de Gallimard édite des ouvrages centrés sur des thèmes divers. Les élèves dont nous reproduisons la poésie se sont servis d'un recueil qui rassemble 149 textes d'auteurs très divers (1).

Un jour on démolira
Ces vieux toits
quatre fois résignés
Ces beaux immeubles si modernes
Ce hameau
Sans fenêtres
Sous les feuilles,
La maison d'en face
Et son mur de briques.
On en cassera les carreaux
De plexiglas ou d'ultravitre.
On démolira les fourneaux
Construits à polytechnique
La maison de briques
Et son ventre froid.
On sectionnera les antennes
Collectives de télévision.
On anéantira les vide-ordures,
La maison de briques
Où le rouge a froid.

Émilie, Christelle (CM2)

Dans les plus petites classes on utilisera essentiellement les comptines.

Variante : Recette de Tristan Tzara.

« Prenez un journal. Prenez des ciseaux. Choisissez dans ce journal un article ayant la longueur que vous comptez donner à votre poème. Découpez l'article. Découpez ensuite avec soin chacun des mots qui forment cet article et mettez-les dans un sac. Agitez doucement. Sortez ensuite chaque coupure l'une après l'autre. Copiez consciencieusement dans l'ordre où elles ont quitté le sac. Ce poème vous ressemblera. »

1. Le Sidaner, *La Maison en poésie*, Gallimard, 1980.

UN MOT PLUS D'AUTRES

17

COLLAGES DE TEXTES SOCIAUX

Il est intéressant de faire manipuler des textes sociaux : ils peuvent être prélevés parmi des livres d'histoire, de géographie etc.

Avec les journaux, et par découpage de titres on aboutit à des réalisations originales.

Salade de sports (CE1)

Boxe
Vers un Pioline-Leconte !
Chocs d'avants pour le sport polonais

FOOT-VARIÉTÉS
Mickey
suspendu pour quatre matches de Coupe d'Europe
Pas d'enquête

Tennis : Cantona
chef de file de l'ASPTT Nice

On utilisera avec profit les recettes de cuisine, les modes d'emploi qui donnent lieu à des mélanges bizarres, les publicités, souvent humoristiques.

UN MOT PLUS D'AUTRES

18

DÉCOUPAGE DE CONTES

Exercice conseillé pour des élèves de **cycle 3**.

▲ Les règles du jeu

Distribuer deux ou trois ouvrages de contes. Les enfants doivent en inventer un nouveau avec des extraits empruntés à divers auteurs. On permettra quelques phrases de liaisons entre les paragraphes.

Pour un niveau légèrement inférieur on photocopiera des contes courts de manière à ce que les ateliers puissent procéder par découpages et collages successifs.

▲ Variantes

On peut pratiquer un exercice similaire avec quelques fables de La Fontaine. Mais auparavant il faudra recueillir des textes portant sur les mêmes animaux : loup, renard, chat, etc.

Ce chapitre n'épuise pas les jeux que l'on peut pratiquer avec les proverbes, les aphorismes et les locutions.

On pourra exploiter d'autres jeux, notamment en consultant le chapitre intitulé : « Esquives » où est décrit un exercice qui consiste à prendre les expressions au pied de la lettre en « esquivant » la véritable signification de la phrase pour n'en retenir que le sens propre.

MACHINES À ÉCRIRE

19

UNE AIDE À LA CRÉATIVITÉ

Ce chapitre traite des outils susceptibles de susciter ou d'améliorer la créativité.

Nous posons l'hypothèse, comme d'ailleurs pour la plupart des pages de cet ouvrage, que presque toutes les compétences d'écriture peuvent se travailler. Des exercices appropriés parviennent à affiner et perfectionner des aptitudes spécifiques.

Raymond Queneau a sans doute été le premier à montrer que chaque individu peut créer. Dans 100 000 milliards de poèmes il propose au lecteur de composer selon ses goûts en feuilletant au hasard les pages et les lignes de son ouvrage.

Il est donc possible de faire créer des textes tous différents avec ce procédé. Les enfants recopient leur texte et le présentent sur l'espace page selon ce qu'ils veulent exprimer.

Cependant une attitude plus dynamique est parfois nécessaire, car créer, c'est agir. Dans ce cas les quelques outils d'aide à la création présentés ici seront utiles.

MACHINES À ÉCRIRE

20

LE CARRÉ LESCURIEN

Comme son nom l'indique, ce procédé est dû à Jean Lescure.

« On imaginera donc, non de partir d'un fait, d'un texte écrit dans le mépris des possibles permutations mais d'élaborer ce fait ; d'écrire un texte en y mélangeant un nombre plus ou moins grand de permutations. On s'apercevra alors que les exigences de ces permutations sont telles qu'elles ridiculisent toute intention de dire, effusion ou leçon et qu'elles engagent dans des sens grammaticaux qu'il est loisible de porter à une si grande difficulté que l'exploration du langage s'y trouve en effet renouvelée. (1) »

▲ Les règles du jeu

Le carré Lescurien place sur ses 4 angles des mots qui vont être reliés de toutes les façons possibles (par les diagonales ou les côtés du carré) par des mots outils.

On peut donc concevoir de multiples combinaisons, des milliers sans doute, si l'on varie les itinéraires ainsi que les mots de liaisons. Des poésies peuvent être créées et mises en pages. La page suivante présente des manipulations lexicologiques selon Jean Lescure.

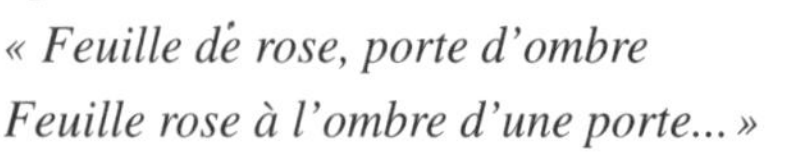

« Feuille de rose, porte d'ombre
Feuille rose à l'ombre d'une porte... »

Sur ce modèle, une classe de CE1 a complété oralement puis recopié les vers :

Porte rose en forme d'ombre.
Ombre de feuille sur une porte rose.
Une feuille rose et une ombre de porte.
Une rose, une porte et l'ombre sur la feuille.

1. Jean Lescure, *La Littérature potentielle*, Gallimard, 1973.

▲ Variante

On propose des amorces de vers (avec des prépositions par exemple). Les équipes ont le droit d'introduire un verbe et de ne pas utiliser tous les mots du carré.

Dans l'ombre les feuilles sont roses.
Dans la feuille je vois l'ombre de la rose.

Sur la rose se dessine l'ombre d'une porte.
Sur la porte j'aperçois la rose avec sa feuille.

Entre la rose et la feuille se trouve une ombre.
Entre la porte et la rose se dessine une feuille.

Devant la rose il y a une feuille.
Devant la feuille se dresse l'ombre de la rose.

Grâce à la rose la feuille a de l'ombre.
Grâce à l'ombre la rose porte sa feuille.

Pour la rose, la feuille trouve l'ombre
Pour de l'ombre la rose cherche la feuille.

Par la porte la rose glisse son ombre.
Par l'ombre de la porte la feuille cherche la rose.

CM2

Comme on peut le constater, un travail souple et non normatif peut être mené : ici la valeur et le fonctionnement des prépositions.

MACHINES À ÉCRIRE

21

LE CARRÉ LESCURIEN MODIFIÉ

Cet outil semble pouvoir être perfectionné si l'on détermine des types de mots aux angles du carré.

Par exemple :

– des mots se terminant par un e.

– avec : 2 adjectifs (féminin et masculin) 1 substantif,1 verbe.

– ou 2 adjectifs et 2 substantifs.

Nuage Paupière
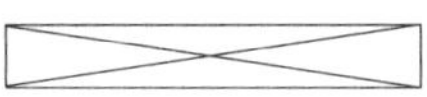
Humide Paisible

Le nuage humide aux paupières paisibles.
La paupière paisible dans le nuage humide.
Le paisible nuage avec sa paupière humide.

CM2

Possibilité d'ajouter un verbe au choix.

Un nuage passe devant la paupière humide.
Cette paisible paupière regarde le nuage humide.
Paisible et humide, la paupière tremble devant le nuage.

Les CP et les classes de maternelle peuvent créer des phrases poétiques oralement. L'enseignant en recopie ensuite quelques-unes au tableau et les enfants les reproduisent sur un cahier ou bien il écrit sous la dictée de chacun.

MACHINES À ÉCRIRE

22

LE CARRÉ LESCURIEN LIBRE

Ce carré accepte ou suscite tous les types de transformations : noms, adjectifs, verbes...

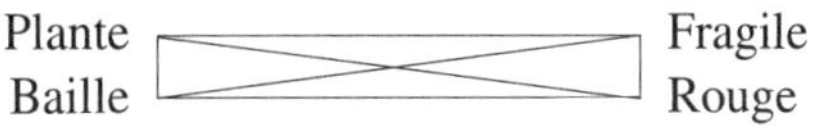

Exemples :

Le bâillement de la plante rouge et fragile.
La fragilité de la plante rouge.
La rougeur fragile de la plante qui baille.
Le rouge de la plante fragile fait bailler.

Comme on le devine aisément ce jeu permet de pratiquer des gammes de façon naturelle sur certains constituants de la phrase en mettant en évidence leur caractère génératif. Plus qu'un entraînement grammatical qui, certes a son intérêt, le travail porte sur un enrichissement des outils stylistiques et un assouplissement des procédés formels. C'est ainsi que les élèves se doteront peu à peu de moyens variés d'expression.

Variante :

À partir d'un des jeux décrits ci-dessus, les équipes choisissent un ou deux vers et les recopient. On les rassemble dans une boîte. Puis on tire au sort un certain nombre de vers qui composeront une strophe d'une poésie ou un poème complet.

MACHINES À ÉCRIRE

23

FABRIQUE DE MOTS

Toujours avec le carré Lescurien on peut créer des mots-valise en explorant les diverses possibilités offertes par les syllabes de certains mots évocateurs.

Exemple :

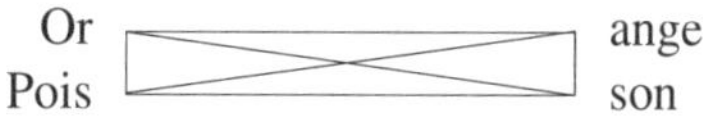

On peut ensuite jouer à la définition fantaisiste qui consiste à créer comme pour une rubrique de dictionnaire, un texte court expliquant le mot. On compose ensuite un petit récit avec plusieurs mots fabriqués.

Mots formés par des élèves de **CE2** : *poisor, sonange, orson, poisange, sonor.*

Le père de Daniel vient d'acheter un magnifique aquarium. Des poissons exotiques appelés « *poisor* » parce qu'ils ont des écailles couleur or, nagent entre les rochers.

Au fond un *orson* se promène : c'est un animal qui ressemble à un oursin avec des piquants souples et blancs. Un *poisange* multicolore fait admirer ses voiles en forme d'ailes, comme celles d'un ange. Au fond, dissimulé par du sable, se trouve un appareil qui sonne lorsque l'eau n'est plus assez chaude : c'est un *sonor*.

MACHINES À ÉCRIRE

24

LA PHRASE DONT TU ES L'AUTEUR

Rôle de l'enseignant

L'enseignant prépare une grille où des groupes fonctionnels sont rangés en colonnes. Les élèves doivent fabriquer un nombre fixé de phrases puis les recopier ou les placer en inclusions dans un texte personnel.

Cette « machine » permet de doser les difficultés, si bien que le jeu s'applique aussi bien à des enfants de CP que de Collège.

Pour les CP on fournira un tableau dont on limitera le nombre de colonnes. On aura soin de placer des mots et expressions déjà rencontrées au cours de lectures. Ainsi la classe révisera des expressions connues mais dans des contextes chaque fois différents, ce qui place le scripteur et le lecteur devant des solutions d'écriture multiples et met en lumière les divers effets de sens d'un même mot.

Exemple en CP (thème : *Le Tour du monde en 80 jours*)

Philéas Fogg	*voit*	le bateau
Jules Verne	*dessine*	son dirigeable
Passepartout	*regarde*	un éléphant
Passepartout	*achète*	la locomotive

Rôle de l'enfant

Chaque enfant parcourt le diagramme de colonne en colonne et forme plusieurs phrases qui sont recopiées et illustrées sur un cahier.

Les jours précédents les enfants ont abordé oralement l'histoire du *Tour du monde en 80 jours* et, en lecture, ont travaillé des phrases comportant les noms des personnages principaux. et ceux des moyens de locomotion (bateau, train, dirigeable, éléphant...)

On a obtenu dans un CP :

Passepartout dessine son dirigeable.
Jules Verne regarde la locomotive.
Philéas Fogg achète un éléphant.
Passepartout achète un éléphant etc.

Les phrases sont recopiées et illustrées pour être affichées.

MACHINES À ÉCRIRE

25

LES MILLE QUESTIONS

▲ Les règles du jeu

Le maître a photocopié une matrice en 3 colonnes permettant de poser des questions. On commence à lire la colonne de gauche: *pourquoi le / la...* on choisit un élément, puis on passe à la 2ème colonne *a-t-il (elle) mis un / une...* on prélève encore un élément et ainsi jusqu'à la fin.

Les mots peuvent être tirés d'un réservoir propre à la classe. Après lecture de différentes phrases les enfants recopient et répondent à chaque question.

Un exemple:

1 ***Pourquoi*** **le/la**	2 ***A-t-il/elle mis*** **un/une**	3 ***Dans*** **un/une, son/sa, le/la**
général	pièce de 5 francs	poche
président	chat	tiroir
danseur	tigre	moteur
bandit	kilo de sucre	valise
concierge	pistolet	sac
mendiant	bille	coffre à bagages
agent de police	œuf dur	cartable
plombier	bouteille	réfrigérateur
institutrice	marteau	boîte à outils
chanteuse	paire de gants	étui à violon

Le parcours aléatoire de 1, 2, 3 donne de multiples questions que les enfants lisent et sélectionnent. Ils recopient la ou les phrases retenues puis donnent diverses réponses.

Par exemple :

Pourquoi le général a-t-il mis une pièce de 5 francs dans sa poche?

Pour récompenser le soldat inconnu.

SQUELETTES

26

MODÈLES GRAMMATICAUX

Il s'agit de fournir un cadre assez souple pour que les groupes puissent composer des phrases ou des textes variés.

▲ Nomenclature

On inscrit un modèle syntaxique au tableau. Par exemple:

Nc Nc A A V V Adv Nc

Nc = Nom commun

A = Adjectif

V = Verbe

Adv = Adverbe

Np = Nom propre

▲ Les règles du jeu

Ce jeu est rapide et dure de 5 à 10 minutes. Les groupes doivent composer une, deux ou trois phrases en respectant le modèle. Ils ont le droit d'employer les mots de liaisons qu'ils désirent, les répéter s'ils le veulent, choisir le genre et le nombre à condition que les accords soient respectés. La phrase doit être correcte et doit avoir un sens. La ponctuation est libre à l'intérieur de la phrase.

Les deux exemples qui suivent sont tirés d'exercices donnés dans un CE1 et dans un CM1.

CE1 : Nc + Adj + V + Nc + Adj

Le chat noir saute sur un arbre énorme.
Mon poisson rouge aime les plantes vertes.
La longue promenade a fatigué ma petite sœur.
Les grosses pluies ont cassé nos belles fleurs.

Ces phrases ont été obtenues après mise en commun des textes, réécriture, et correction par la maîtresse.

CM1 : Nc + Nc + Adj + V + Adv + Nc

Mon chien et mon petit chat s'amusent bien dans la salle à manger.

La cigale et la fourmi travailleuse n'aiment vraiment pas l'hiver.

Les otaries et les ours blancs vivent frileusement sur la banquise.

Les plantes de mon petit jardin poussent vite avec de l'engrais.

Les amies de ma petite sœur jouent sagement à la poupée.

▲ Liste

On indique simplement le type de mots désirés; libre au maître de les classer selon des ensembles qu'il exploitera plus tard ou non.

Ainsi il pourra inscrire : « *Les; mes; ces; certains; tes.* » et les groupes devront commencer chaque phrase par un de ces mots.

Ou encore: « *Ma; une; la;* » obligeant à utiliser des féminins singuliers et la classe des déterminants.

D'autres types de mots capables de se placer en début de phrase sont possibles.

Cet entraînement rapide peut se comparer aux exercices de calcul mental; il suffit d'inscrire un « modèle » au tableau, rappeler le code et laisser rédiger quelques minutes. La correction s'effectue rapidement. Cependant, si l'enseignant le désire, les phrases peuvent être reprises enrichies et réécrites avec soin.

▲ Variante

On peut demander un nombre quelconque de phrases différentes par groupe.

La ponctuation peut être totalement libre et donc plusieurs phrases sont possibles.

Pour varier, il est intéressant de proposer un nombre quelconque de phrases à ponctuation différente.

Exemple CM2 : Nc + Adj + V + Nc + V + Nc + Adj : trois phrases.

Le grand joueur marque un but. Il rêve à l'équipe tricolore.

Dans l'immense forêt on trouve des champignons et on rencontre aussi des animaux sauvages.

Pendant les grandes vacances j'irai à la campagne et je me promènerai près de la petite rivière.

Les étoiles minuscules brillent dans le ciel. Je distingue la grande ourse.

SQUELETTES

27

MODÈLES DE PONCTUATION

▲ Les règles du jeu

Exemple :

—— —— —— —— —— —— —— ——. —— —— —— —— —— ——. —— —— —— ——. —— —— ——.

Il s'agit ici de composer quatre phrases (cf les points). La première comportera 8 mots, la deuxième 6 mots, la suivante 4 mots et la dernière 3 mots. Elles doivent être liées par le sens.

Dans cet exercice, tous les mots sont comptabilisés.

Comme pour le paragraphe précédent, quelques minutes suffisent pour créer un texte ce qui n'alourdit pas l'entraînement.

▲ Variante

On impose le début de chaque phrase et le nombre de mots dans chacune d'elles, matérialisé par des tirets.

L —— —— —— ——. C —— —— —— —— —— —— ——.
E —— —— —— —— —— —— —— ——. P —— —— —— ——-
—— —— ——.

*L*a journée était belle. *C*arole se rendit chez sa camarade Sophie. *E*lles installèrent la table de ping-pong pour jouer. *P*endant une heure on entendit leurs cris.

*L*oïc Peron se prépare. *C*e nouveau tour du monde sera difficile. *E*t pourtant il faut être prêt à appareiller. *P*resque immédiatement si le vent se lève.

On peut également proposer le genre d'écrit souhaité.

Par exemple, un paragraphe de géographie, d'histoire de sciences, une recette de cuisine, une annonce publicitaire, un télégramme, une fiche de bricolage, une poésie etc.

Exemple CM1 Texte portant sur un animal.

M—— —— —— —— —— ———. S—— —— —— —— ——.
S—— —— —— —— —— —— —— —— —— —— ——.
I—— —— —— —— ——.

Mon animal préféré est le chat. Son regard clair me plaît. Ses pattes douces ne font pas de bruit quand il marche. Il revient toujours chez nous.

Medor est un chien sage. Souvent il joue avec moi. S'il aperçoit ma balle, il court et me la rapporte. Il ne mord jamais personne.

▲ Autre variante

On impose uniquement le type de ponctuation sans limiter le nombre de mots dans la phrase.

——————————————; ——————————————
——. ——————————————, ——————————————
——.
——————————————————————————?
——————————————————————————!
—————————— « ——————————————».

SQUELETTES

28

MODÈLES SYNTAXIQUES

▲ Lacunes

Sur le modèle d'un exercice proposé par l'Oulipo, on vide un texte de ses substantifs et de ses adjectifs. On conserve le reste des mots. Les équipes doivent remplacer les vides par d'autres mots.

La ———— ayant chanté tout ————
Se trouva fort ————
Quand la ———— fut venue.
Pas un seul ———— ————
De ———— ————
Elle alla crier famine
Chez la ———— sa ————
La priant de lui prêter
Quelque ———— pour subsister
Jusqu'à la ———— ————
« Je vous paierai lui dit elle
Avant ———— ———— ————
———— et ———— »
La ———— n'est pas ————:
C'est là son ———— ————.
« Que faisiez-vous au ———— ————?
Dit-elle à cette ————.
———— et ———— à tout venant
Je chantais ne vous déplaise.
Vous chantiez ? J'en suis fort ———— :
Eh bien dansez maintenant. »

Sur le modèle de la fable de La Fontaine deux élèves de **CE1** ont composé :

La souris ayant chanté
Tout le printemps
Se trouva fort dépourvue
Quand la neige fut venue.
Pas un seul mince reste

De fromage ou de lard.
Elle alla crier famine
Chez la pie sa voisine,
La priant de lui prêter
Quelque plat pour subsister
Jusqu'à la prochaine alerte
« Je vous paierai, lui dit-elle,
Avant Mars parole de souris
Centaines et unités ».
La pic n'est pas dépensière :
C'est là son petit secret.
« Que faisiez-vous aux périodes douces ?
Dit-elle à cette paresseuse.
Soir et matin à tout venant
Je chantais ne vous déplaise.
Vous chantiez ? J'en suis fort réjouie :
Eh bien dansez maintenant ! »

▲ Variante

L'exercice reste à la portée des jeunes élèves si on ne vide pas le texte de toutes ses catégories. Mais on peut varier et proposer, à la place des substantifs et adjectifs, des verbes et des adverbes en ajoutant qu'ils ne doivent pas être répétés.

Chez moi dit la petite fille
On élève un éléphant.
Le dimanche son œil brille
Quand papa le peint en blanc.

Chez moi dit le petit garçon
On élève une tortue.
Elle chante des chansons
En latin et en laitue.

Chez moi dit la petite fille
Notre vaisselle est en or.
Quand on mange des lentilles
On croit manger un trésor.

Chez moi dit le petit garçon
Nous avons une soupière
Qui vient tout droit de Soissons
Quand Clovis était notaire.

Chez moi, dit la petite fille
Ma grand mère a cent mille ans.
Elle joue encore aux billes
Tout en se curant les dents.

Chez moi *déclare* la petite fille
On *dessine* un éléphant.
Le dimanche son œil *rougit*
Quand papa l'*habille* en blanc.

Chez moi *répond* le petit garçon
On *nourrit* une tortue
Elle *écoute* des chansons
En latin et en laitue.

Chez moi *réplique* la petite fille
Notre vaisselle *ressemble* à de l'or.
Quand on *verse* des lentilles
On *pense* voir un trésor.

Chez moi *affirme* le petit garçon
Nous *gardons* une soupière
Qui *arrive* tout droit de Soissons
Quand Clovis *jouait* au notaire.

Chez moi, *proclame* la petite fille
Ma grand mère *paraît* cent mille ans.
Elle s'*amuse* encore aux billes
Tout en se *brossant* les dents.

Chez moi dit le petit garçon
Mon grand père a une barbe
Pleine de pinsons
Qui empeste la rhubarbe.
René de Obaldia (1)

Chez moi *intervient* le petit garçon
Mon grand père *peigne* une barbe
Pleine, pleine de pinsons
Qui *embaume* la rhubarbe.
CE2

Cette poésie a été obtenue après deux séances de réécriture au cours desquelles les équipes ont lu leurs projets, se sont empruntées mutuellement divers types de verbes, notamment les verbes déclaratifs et ont aussi travaillé certains paradigmes de conjugaison.

▲ Isosyntaxies

Modèle proposé par l'OULIPO. Il suffit de désigner des fonctions puis de conduire la classe à écrire une ou plusieurs phrases respectant le modèle donné.

Exemple 1 :

S + S + Ep + V + COD + CC + CC.

Le chat et le chien noir gardent les moutons depuis l'aube dans le pré. (CM1)

Exemple 2 :

S + V + At + CdN + CC.

Mon voisin est chauffeur d'un ministre à Paris. (CM1)

S = Sujet *V = Verbe* *COD = Complément d'objet direct*
CC = Complément circonstanciel *CdN = Complément du nom*
At = Attribut *Ep = Épithète*

Ce genre d'écrit peut se pratiquer en quelques minutes, en début de matinée ou d'après midi, un peu comme du calcul mental.

1. René de Obadia, *Innocentines*, Grasset, 1969.

ANAGRAMMES

29

JEUX DE MOTS

▲ Les règles du jeu

On propose aux joueurs un certain nombre de lettres au hasard. Ceux-ci doivent composer une série de mots (nombre fixé par le maître). On n'obligera pas les groupes à utiliser toutes les lettres comme dans un anagramme classique.

d u r v l o e s : 10 mots (CE2).

dur, doré, le, les, vous, loué, volés, doués, survolé, soudé.

Il est aussi possible de fixer uniquement le temps. Le groupe vainqueur sera celui qui aura inscrit le plus grand nombre de mots bien orthographiés.

▲ L'intérêt pédagogique

Ce jeu exerce le coup d'œil, la rapidité. Il incite les enfants à contrôler l'orthographe dans le dictionnaire.

Comme pour beaucoup d'exercices contenus dans ce chapitre, le temps nécessaire à leur réalisation est court : d'où pas de lassitude devant l'écrit et possibilité pour le maître de proposer ces jeux à n'importe quel moment de la journée.

De véritables anagrammes peuvent être créés ; mais, dans ce cas, le maître sélectionnera déjà les mots pouvant être utilisés.

Exemple : *(CM1 oralement)*

Mots proposés	*Mots trouvés*
Roule	louer
Primes	mépris
Citer	récit
Trame	mater

Par la suite, avec des classes de CM2 ou 6ème, le lexique pourra être fourni par les groupes eux-mêmes.

ANAGRAMMES

30

LES PHRASES ET LES ÉCRITS

Jeux de phrases

Après avoir trouvé une liste de mots, les enfants doivent rédiger des phrases où ceux-ci seront intégrés le plus naturellement possible dans le texte.

Avec un début de phrase donné par l'enseignant on peut demander aux équipes de compléter avec un véritable anagramme (comportant les mêmes lettres mais dans un ordre différent).

Exemple :

Tiens, le *cirque* s'est installé —————— (phrase à compléter) : le mot crique conviendrait

Le *lâche*, il vient de s'enfuir; il tient un ————— à la main. (châle).

Il a fallu tellement *bêcher* ——————— (brèche)

On remarque que selon la construction de la phrase - amorce, l'exercice est plus ou moins facile à effectuer.

Jeux d'écrits

Même principe que précédemment, mais ici tous les mots doivent être intégrés dans un texte cohérent.

Ces mots seront, soit induits par l'enseignant, soit trouvés collectivement par les élèves.

Mots sélectionnés par un groupe de **CM1** :

Niche chien pâle lape rame mare.

Texte produit :

Il y a longtemps que je n'étais pas retourné à la ferme des trois chemins. Mais dès que je me trouve à quelques mètres, le *chien* de garde sort de sa *niche* et se met à aboyer. Je m'arrête car je n'ai pas confiance. Je dois être un peu *pâle*. Enfin les maîtres sortent et chassent le chien qui, quelques secondes plus tard *lape* son lait. Les propriétaires me reconnaissent, me demandent de mes nouvelles et me font visiter la *mare* où un enfant, sur un bateau pneumatique, *rame*.

DEUXIÈME PARTIE

SE PERFECTIONNER, S'ENTRAÎNER

AMPLIFIER

31

QUELLES COMPÉTENCES ?

Les gammes d'exercices

Ces gammes s'inspirent des techniques « de 1 à 10 » et de «boule de neige» décrites par l'Oulipo. Mais ces jeux se prêtent à de multiples variantes qui permettent à des enfants de s'entraîner efficacement.

Pour l'ensemble des sous-chapitres il s'agit de consignes ayant pour objectif l'extension d'un écrit par l'apport de détails, de précisions ou de mots et phrases croissantes.

On distribue un texte ou une phrase courte (proverbe ou aphorisme par exemple). Les groupes doivent combler des vides entre les mots, soit d'une manière systématique, (c'est l'exercice intitulé de 1 à 10), soit d'une façon plus sélective.

Les compétences

Les compétences requises peuvent se résumer selon les points suivants :

1- Savoir lire et comprendre un texte court.

2- Être capable d'insérer entre deux mots, des propositions ou des mots en respectant la correction du style.

3- Savoir modifier la ponctuation dans un texte ou une phrase en fonction des besoins.

4- Être capable d'invention et de créativité.

5- Savoir écouter les autres lors de la mise en commun.

6- Être capable de réécrire un texte en améliorant le contenant et le contenu.

7- Savoir respecter l'orthographe.

8- Être capable de réécrire son texte une fois corrigé, de manière à en constituer un objet (écriture, mise en page, couleurs, esthétique, support, dimensions, etc).

La description des exercices illustre ce qui précède.

AMPLIFIER

32

DE 1 À 10

▲ Les consignes

1. Écrire une phrase courte au tableau.

2. Demander aux équipes de remplir systématiquement les espaces entre les mots par 1, 2, 3,... ainsi de suite jusqu'à la limite de 10 mots.

3. Une fois la phrase terminée, on désignera les meilleures réussites : ceux qui auront le mieux respecté la consigne.

Exemple : *Le chat miaule dans mon jardin.*

Le beau *chat* noir qui *miaule* fort *dans* une plate-bande de *mon* grand *jardin* fruitier me fait pitié. (CE1).

L'exercice oblige à choisir avec soin la phrase de manière à ce que les difficultés ne soient pas trop importantes. Cependant, avec un entraînement sur 3 ou 4 exemples les enfants ont vite compris les diverses possibilités de « remplissage ».

Exemple (CM1) **:** phrase départ prise dans le manuel de mathématiques.

Pour trouver le périmètre d'un rectangle on doit additionner les longueurs et les largeurs.

Pour pouvoir *trouver* sans se tromper *le* nombre donnant le *périmètre* exact *d'un* beau *rectangle*, grand ou petit, *on* est sûr qu'on *doit* toujours *additionner* soigneusement *les* deux *longueurs* de la figure, puis *les* deux *largeurs.*

▲ Variante

Après quelques exercices de ce type on demande à la classe de choisir une phrase courte (prélevée dans le manuel d'histoire ou de géographie, ou de mathématiques, de sciences naturelles...) , et de réaliser l'exercice librement.

AMPLIFIER

33

ESPACES DÉSIGNÉS

▲ Les règles du jeu

Il faut emplir uniquement les espaces désignés par une flèche.

Exemple : On ne fait pas ➜ d'omelette ➜ sans casser ➜ des œufs.

On ne fait pas *toujours* d'omelette *surtout si elle est énorme*, sans casser *fréquemment* des œufs (CM1).

▲ Espaces désignés et nombre de phrases précisé

Même consigne que précédemment mais ici, à la fin du texte, on précise, entre parenthèses, le nombre de phrases différentes à rédiger.

Exemple :

Les jours ➜ se suivent ➜ et ➜ ne se ressemblent pas. (3)

Les jours, *même les plus beaux*, se suivent *toujours et pourtant* ne se ressemblent pas.

Les jours *de l'homme* se suivent *longuement et cependant* ne se ressemblent pas.

Les jours *et même les nuits* se suivent *comme les perles d'un collier* et *pourtant* ne se ressemblent pas. (*CM2. Travail collectif de réécriture.*)

▲ Espaces désignés, nombre de mots fixé

Ici les flèches désignant les intervalles sont accompagnées d'un chiffre : cela signifie que le nombre de mots à insérer est fixé et obligatoire.

Exemple :

Chez les petits propriétaires ➜ (1), durant les ➜ (1) veillées d'hiver les enfants pèlent des châtaignes ➜ (4) les femmes filent ➜ (4), le maître dévide le fil ou fait des bobines et le valet tisse ➜ (1) la toile. (*Document historique cité par Vidalenc.*)

Chez les petits propriétaires *campagnards* durant les *longues* veillées d'hiver, les enfants pèlent les châtaignes *qui sortent du feu* les femmes filent *assises sur un tabouret*, le maître dévide le fil ou fait des bobines et le valet tisse *soigneusement* la toile. (*CE2 après réécritures et mise en commun des résultats.*)

Ces exercices font prendre conscience des diverses possibilités d'interventions sur une phrase à un certain niveau ; ils donnent aussi un aperçu des nuances obtenues selon les solutions proposées par les élèves de la classe.

Remarque : on peut également imposer un nombre de phrases avec la même consigne en notant entre parenthèses un chiffre à la fin.

Exemple :

Chez les petits propriétaires. ➧ (1)... tisse ➡ (1) la toile... etc. (2). Les équipes doivent, pour cet exercice, produire deux phrases avec les mêmes contraintes « intérieures. ».

Voici la 2ème phrase obtenue en CE2.

Chez les petits propriétaires *isolés*, durant les *interminables* veillées d'hiver, les enfants pèlent les châtaignes *cueillies dans la forêt*, les femmes filent, *rassemblées près du feu*, le maître dévide le fil ou fait les bobines, et le valet tisse *patiemment* la toile.

▲ Espaces désignés : nombre croissant de mots

Un flèche désigne les espaces à remplir ; de plus, on note entre parenthèses une série de chiffres croissants. Ceci signifie que les groupes auront autant de phrases à rédiger que de chiffres donnés.

Exemple : Phrases obtenues dans un CE2 après mise en commun des travaux des sous-groupes.

Quand le vin est tiré (2, 3, 4, 5, 6, 7, 8) il faut le boire.

Quand le vin est tiré *du tonneau*, il faut le boire.
Quand le vin est tiré *de la barrique*, il faut le boire.
Quand le vin est tiré *de la grosse barrique*, il faut le boire.
Quand le vin est tiré *de la grande cave humide*, il faut le boire.
Quand le vin est tiré *du tonneau plein à ras bord*, il faut le boire.
Quand le vin est tiré *du gros tonneau en bois de chêne*, il faut le boire.
Quand le vin est tiré *de la cave où je range les bouteilles*, il faut le boire.

▲ Variante

Il n'est pas interdit de noter plusieurs fois le même chiffre de manière à écrire plusieurs versions d'une contrainte identique.

Exemple : Classe de CM2 après réécriture.

La cigarette provoque des maladies (1, 1, 2, 2, 3, 4, 5, 5, 6, 7, 8, 9, 10).

La cigarette provoque des maladies *mortelles.*
La cigarette provoque des maladies *incurables.*

La cigarette provoque des maladies *très longues.*
La cigarette provoque des maladies *extrêmement dangereuses.*
La cigarette provoque des maladies *graves et douloureuses.*
La cigarette provoque des maladies *mortelles pour les fumeurs.*
La cigarette provoque des maladies *qui peuvent être très dangereuses.*
La cigarette provoque des maladies *qui peuvent être extrêmement sérieuses.*
La cigarette provoque des maladies *difficiles à soigner et à guérir.*
La cigarette provoque des maladies *qui touchent les hommes et les femmes.*
La cigarette provoque des maladies *qui frappent les jeunes et les moins jeunes.*
La cigarette provoque des maladies *qui sont très souvent graves et provoquent la mort.*
La cigarette provoque des maladies *dont les conséquences sont souvent très graves et parfois dramatiques.*

▲ Consignes libres

Lorsque les élèves se sont bien entraînés et savent travailler les « espaces », on peut leur demander de choisir eux-mêmes des phrases et définir leurs contraintes.

On peut aussi fixer simplement le nombre de versions (2, 3, 4 exemples...).

AMPLIFIER

34

AMORCES GRAMMATICALES

Même démarche que pour les exemples précédents.

On distribue un texte et l'on marque le mot inducteur. Le nombre de phrases à écrire est fonction de niveau et de l'objectif que l'enseignant s'assigne.

▲ Amorces grammaticales par la fonction

Il est possible de partir d'une phrase que l'on va enrichir.

Le maître a le loisir de choisir les genres de précisions concernant : le locuteur, le lieu, le temps, la cause, la conséquence, la manière, le but, etc., ou plusieurs à la fois.

Exemples (CM1) **:**

Phrase de départ : « *À bon chat, bon rat* ».

• *Précisions : temps.*
« *À bon chat, bon rat* », surtout la nuit.

• *Précisions : temps + manière.*
« *À bon chat, bon rat* », surtout s'il est gros et se lève de bonne heure.

• *Précisions : locuteur + conséquence.*
Son chat venait de le griffer et aussitôt il pensa : « À bon chat, bon rat... ».

• *Précisions : locuteur + lieu.*
Bien au chaud dans sa salle à manger le jeune homme dit : « *À bon chat, bon rat...* ».

Autre exemple (CM1) **:**

Phrase amorce : *Ulysse observa le cyclope.*

Temps : ce matin-là Ulysse observa le cyclope.
Lieu : dans la caverne Ulysse observa le Cyclope.
Manière : Ulysse observa le Cyclope très attentivement.
Cause : les marins furent sauvés parce qu'Ulysse observa le Cyclope.
But : les marins se cachèrent dans la grotte afin qu'Ulysse observe le Cyclope.
Temps, lieu, cause, manière : ce matin-là, dans la grotte, les marins furent sauvés parce qu'Ulysse observa très attentivement le Cyclope.

Variante : Un texte plutôt concis est distribué. Certains emplacements grammaticaux, (compléments circonstanciels essentiellement), sont désignés ainsi que le type de précision attendu.

Exemple (Un fait divers, CM2) **:**

Hier (*temps ?*) un homme masqué a pénétré au rez de chaussée d'un immeuble (*lieu, adresse ?*). Il a eu le temps de dérober de l'argent (*préciser la quantité*). La police alertée (*comment ?*) a constaté qu'une fenêtre avait été brisée (*par quel moyen ?*). À l'intérieur elle n'a pas découvert d'indices importants. Les voisins de palier, pourtant proches, n'ont rien entendu et n'ont rien vu (*pourquoi ?*).

Voici donc un autre jeu qui permet de mettre en évidence le fonctionnement des compléments circonstanciels au sein d'un texte. L'enfant comprend mieux comment le locuteur peut être conduit à ces types de choix. À l'inverse des exercices répétitifs où la notion reste abstraite et coupée de l'énonciation, ici les raisons de la présence ou de l'absence sont autant stylistiques, notionnelles, que grammaticales.

▲ Amorces grammaticales par le lexique

Qui veut noyer son chien ➜ (même s'il) l'accuse de la rage (3 phrases).

Qui veut noyer son chien, *même s'il est beau*, l'accuse de la rage.
Qui veut noyer son chien, *même s'il est en bonne santé*, l'accuse de la rage.
Qui veut noyer son chien, *même s'il n'est pas d'accord* l'accuse de la rage.

CE2.

Avec la même phrase, il est possible de prévoir des amorces différentes.

Exemple : *Les murs ➜ ont des oreilles.*

(bien que) ➜ 3 phrases.
(qui) ➜ 2 phrases.
(les plus) ➜ 2 phrases.
(que) ➜ 3 phrases.

Les murs, *bien qu'*en béton, ont des oreilles.
Les murs, *bien que* muets, ont des oreilles.
Les murs, *bien que* fabriqués avec des briques, ont des oreilles.
Les murs *qui* sont en face, ont des oreilles.
Les murs *qui* me font de l'ombre, ont des oreilles.
Les murs *les plus* hauts ont des oreilles.
Les murs *les plus* solides ont des oreilles.
Les murs *que* j'aperçois ont des oreilles.
Les murs *que* les maçons construisent ont des oreilles.
Les murs *que* mon voisin répare ont des oreilles.

Ce type d'exercice exerce des compétences multiples : orthographe et accords, ponctuation, respect de la syntaxe.

À l'aide de plusieurs phrases il est possible de donner des consignes encore plus variées.

Voici quelques exemples; le chiffre entre parenthèses indique le nombre de phrases souhaitées.

Les loups (*qui*) ne se mangent pas entre eux. (3)
Tant va la cruche à l'eau (*même*) qu'à la fin elle se casse. (1)
Les murs (*les plus*) ont des oreilles. (2)
Les murs (*bien que*) ont des oreilles. (2)
La surface du carré (*que*) se calcule en multipliant le côté par lui-même. (1)
Christophe Colomb (*même s'il*) a découvert l'Amérique. (2)
Le cheval (*ainsi que*) est la plus belle conquête de l'homme. (3)
Demain (*quand*) j'irai me promener. (2)
Je pense pouvoir réussir (*si*)... (3)
Il s'est bien battu (*et finalement*). (1)
Les loups ne se mangent pas entre eux (*puisqu'ils*)... (3)
Sur le nord de la France le ciel restera nuageux (*tant que*)... (2)

La liste est longue et pourrait encore s'allonger.

Tout ceci pour mettre en évidence le nombre de jeux stylistiques possibles avec les coordonnants, les subordonnants et cela sans être obligé de les nommer ni de décrire leurs spécificités; celles-ci seront découvertes à travers les différentes productions écrites.

Après une ou plusieurs séries d'exercices de ce type le maître pourra, par la suite, exploiter ce corpus d'une manière systématique dans une séquence grammaticale.

AMPLIFIER

35

BOULE DE NEIGE

Phrases à mots croissants en poésie

Claude Berge définit ainsi « boule de neige » : « Il s'agit d'un poème dont le premier vers est fait d'un mot d'une lettre, le second d'un mot de deux lettres etc, le nième vers comprend donc n lettres. »

L'application stricte de cette consigne rend le jeu difficile. Nous essaierons de proposer quelques variantes plus à la portée de jeunes enfants.

Phrases à mots croissants en prose

Au cours de ce jeu on doit inventer des phrases dont le mot immédiatement à droite aura au moins une lettre de plus que le précédent.

Les groupes sont placés devant une série de calculs qui doivent tous aboutir à une phrase ayant un sens. C'est essentiellement un travail sur la syntaxe et le vocabulaire à l'aide de dictionnaires.

Pour rendre le jeu plus facile, on n'exigera pas que les mots aient régulièrement une lettre de plus. Le schéma pourra être : 1 2 3 5 7 8 etc.

Exemple 6e :

À la mer nous avons attrapé : sardines, palourdes, maquereaux, coquillages.
1 2 3 4 5 7 8 9 10 11

Variante : On peut imposer le nombre de lettres du dernier mot; cela évite souvent l'accumulation d'adverbes en *ment*.

Pour mettre l'exercice à la portée d'enfants plus jeunes, on ne décomptera pas les mots outil ou certaines catégories grammaticales : déterminants, conjonctions, prépositions, relatifs, subordonnants; verbes, adverbes etc.

On le voit, c'est une façon de réviser ces notions sans systématiser. En effet cette consigne conduit les groupes à vérifier dans un manuel de grammaire la catégorie ou les catégories autorisées.

De la même façon, pour **les cycles 2**, on pourra demander de composer une phrase dont seuls les verbes seront croissants.

▲ Alphabet

Pour les niveaux correspondant au cycle 2, on peut donner aux élèves une lettre ou deux de l'alphabet tirées au sort. On demande ensuite aux équipes de relever pour ces lettres trois ou quatre mots que l'on classera par ordre de longueur croissante et qui seront recopiés soigneusement.

En maternelle 3 ou 4 mots seront écrits par la maîtresse; les enfants n'auront plus qu'à les classer et les recopier.

▲ Syllabes croissantes

Une phrase ou un texte devra être composé de mots aux syllabes croissantes. Chaque phrase reprendra à 1 et ainsi de suite :

1 2 3 4. 1 2 3 4. 1 2 3 4. Etc.

▲ Textes à phrases croissantes

On demande d'écrire un texte dont les phrases seront composées d'un nombre croissant de mots.

Ce jeu est assez facile. La phrase de départ devra être courte pour permettre un enchaînement aisé. Mais le récit devra être construit.

Pour des classes de niveau **CE2 - CM1** on limitera le nombre de phrases.

Autres possibilités: Les équipes sont invitées à bâtir une texte dont le nombre de mots dans chaque phrase est fixé.

P1 = 2 mots
P2 = 3 mots
P3 = 5 mots
P4 = 7 mots

On limite le nombre de phrases en fonction de la longueur désirée.

▲ Phrases croissantes et hasard

Chaque équipe vient tirer à l'aide d'un dé, un nombre de phrases fixé par le maître. Le premier chiffre donne le nombre de mots de la première phrase, puis le second tirage vient ajouter ses points au nombre de la deuxième phrase et ainsi de suite.

On obtient par ce procédé une grande variété de textes puisque de longueurs très différentes.

Cependant le même tirage peut être imposé à toute la classe. Ce procédé a un avantage aussi, c'est d'offrir aux groupes, lors de la mise en commun, des solutions multiples avec la même contrainte. De ce fait, la réécriture peut réellement améliorer la qualité du premier jet.

AMPLIFIER

36

RÉÉCRITURES

Tous ces exercices peuvent être l'objet d'au moins deux réécritures.

La consigne donnée aux équipes, après travail sur un des exercices pourrait être la suivante ;

« Après avoir relu votre texte en commun et recherché dans le dictionnaire les mots dont vous n'êtes pas sûr, vous allez maintenant lire votre production devant toute le classe.

Ensuite, vous écouterez les autres groupes afin d'améliorer chacun votre texte. Vous serez attentif aux solutions trouvées par d'autres et pourrez emprunter celles qui vous paraîtront pouvoir enrichir ou améliorer votre production.

Vous réécrirez le nouveau texte. Vous corrigerez les fautes selon les indications de votre maître ou d'une fiche distribuée.

Enfin lorsque tout sera parfait, vous pourrez recopier une nouvelle fois votre travail en soignant la mise en page, le choix du support, l'écriture, etc. Vous essaierez notamment de mettre en évidence la consigne sans qu'il soit besoin de l'expliquer ; pour cela vous pourrez utiliser des feutres de couleurs, des découpages de mots dans des journaux, un normographe pour différencier les écritures, des Letrasets®, d'autres outils,... »

Les écrits seront affichés, placés dans un album, ou envoyés aux correspondants.

RÉDUIRE

37

LA CLARTÉ PAR LA CONCISION

Intérêt pédagogique

Le double but de ces jeux est de :

– sensibiliser la classe à supprimer toute idée, proposition, ou mot qui ne concourt pas directement à l'effet désiré ;

– rendre précise une notation, une pensée des circonstances.

Compétences mises en œuvre

Ce travail consistant à supprimer, réduire ou remplacer a pour but de doter l'enfant d'une série de compétences lui permettant une véritable autocorrection. À l'issue de ces gammes il aura pu exercer ses capacités de lecture (comprendre un texte même un peu long) son sens critique (s'apercevoir qu'on peut mieux dire en supprimant). Pour ce qui concerne l'écriture proprement dite ces contraintes d'espace l'obligent à chercher des formules courtes et concises, à élaguer, à dire l'essentiel sans s'embarrasser de détails.

RÉDUIRE

38

CAVIARDAGE

▲ Les règles du jeu

Le caviardage consiste à griser une partie d'un texte pour n'en conserver que l'essentiel qui pourra ou devra être lu d'un seul coup d'œil. D'un écrit d'une page, par exemple, il ne reste que 4 ou 5 phrases lisibles délivrant l'essentiel de l'information.

▲ Du livre aux journaux

Dans ce chapitre paraissent des travaux réalisés par les élèves de l'école du « Vieux Bourg » à Cagnes-sur-mer. Le thème travaillé porte sur *Le Tour du monde en 80 jours* de Jules Verne. La consigne était de supprimer les parties du texte qui semblaient inutiles tout en conservant le sens général et en veillant à la correction du style. La comparaison des *caviardages* montre que chacun lit et interprète un texte d'une manière originale et les enfants l'ont bien compris en manifestant leur étonnement.

• «Sa luisante chevelure, régulièrement divisée en deux parts, encadre les contours harmonieux de ses joues délicates et blanches, brillantes de poli et de fraîcheur. Ses sourcils d'ébène ont la forme et la puissance de l'arc de Kama, dieu d'amour, et sous ses longs cils soyeux, dans la pupille noire de ses grands yeux limpides, nagent comme dans les lacs sacrés de l'Himalaya les reflets les plus purs de la lumière céleste. Fines, égales et blanches, ses dents resplendissent entre ses lèvres souriantes, comme des gouttes de rosée dans le sein mis-clos d'une fleur de grenadier. Ses oreilles mignonnes aux courbes symétriques, ses mains vermeilles, ses petits pieds bombés et tendres comme les bourgeons du lotus, brillent de l'éclat des plus belles perles de Ceylan, des plus beaux diamants de Golconde. Sa mince et souple ceinture, qu'une main suffit à enserrer, rehausse l'élégante cambrure de ses reins arrondis et la richesse de son buste où la jeunesse en fleur étale ses plus parfaits trésors, et, sous les plis soyeux de sa tunique, elle semble avoir été modelée en argent pur de la main divine de Vicvacarma, l'éternel statuaire.»

• «Sa luisante chevelure, régulièrement divisée en deux parts, encadre les contours harmonieux de ses joues [redacted], brillantes de poli et de fraîcheur. Ses sourcils [redacted] ont la forme et la puissance de l'arc de Kama, dieu d'amour, et sous ses [redacted] cils [redacted], dans la pupille [redacted] de ses [redacted] yeux limpides, nagent comme dans les lacs sacrés de l'Himalaya les [redacted] de la lumière céleste. [redacted], ses dents resplendissent entre ses lèvres [redacted], comme des gouttes de rosée dans le sein mis-clos d'une fleur de grenadier. Ses oreilles [redacted] aux courbes symétriques, ses mains [redacted], ses [redacted] pieds bombés et tendres comme les bourgeons du lotus, brillent de l'éclat des plus belles perles de Ceylan, des plus beaux diamants de Golconde. Sa [redacted] ceinture, qu'une main suffit à enserrer, rehausse l'élégante cambrure de ses reins [redacted] et la richesse de son buste où la jeunesse en fleur étale ses plus parfaits trésors, et, sous les plis soyeux de sa tunique, elle semble avoir été modelée en argent [redacted] de la main [redacted] de Vicvacarma, l'éternel statuaire. »

« Sa luisante chevelure, [redacted], encadre les contours [redacted] de ses joues [redacted] Ses sourcils [redacted] ont la forme et la puissance de l'arc de Kama, [redacted], et sous ses [redacted] cils soyeux, [redacted], nagent [redacted] les reflets les plus purs de la lumière céleste. [redacted], ses dents resplendissent entre ses lèvres souriantes, [redacted]. Ses oreilles mignonnes [redacted], ses mains vermeilles, ses petits pieds bombés et tendres [redacted], brillent de l'éclat des plus belles perles de Ceylan, des plus beaux diamants de Golconde. Sa mince et souple ceinture, [redacted], rehausse l'élégante cambrure de ses reins [redacted] et la richesse de son buste [redacted], et, sous les plis soyeux de sa tunique, elle semble avoir été modelée en argent pur [redacted] »

Le caviardage peut se pratiquer sur un article de journal, une leçon tirée d'un livre d'histoire ou de Géographie

On photocopie la page; puis on invite les groupes à rayer au crayon ce qui paraît inutile ou superflu.

Lorsqu'il ne reste plus que la valeur de deux ou trois phrases on indique aux élèves qu'ils doivent rétablir la ponctuation, si nécessaire, ajouter certains mots de liaison afin que le « résumé » obtenu soit correct et lisible.

RÉDUIRE

39

RATURES

▲ Ratures de mots ou lipolymies

Consiste à supprimer des mots inutiles ou lourds dans un récit.

Par ce procédé l'enseignant peut donner, sous forme ludique, des habitudes stylistiques consistant à supprimer les lourdeurs les répétitions et les maladresse.

Pas de « que » et ses composés

On distribue un texte volontairement rendu lourd par une accumulation anormale de *« que » « afin que » « pour que » « quoique » « bien que »...*

Les groupes doivent corriger.

On pensera à donner cette consigne pour la réécriture d'un paragraphe, par exemple.

Pas de « alors » et de « et puis »

Comme précédemment deux types de jeux peuvent fonctionner :

- *à partir d'un texte distribué*. Il s'agit de corriger le style et les répétitions ;
- *à partir d'un texte libre*. Il faut réécrire le récit en évitant « et alors » « et puis ».

Ceci convient bien aux jeunes enfants qui commencent à raconter des histoires ou qui résument un récit.

Pas de « avoir » sous toutes ses formes conjuguées

Permet de faire découvrir l'existence de verbes plus précis.

Par la suite, si l'entraînement se fait régulièrement, on peut penser que l'enfant prendra l'habitude de rechercher des synonymes et saura quels types de mots utiliser à la place.

Pas de « être » sous toutes ses formes

Même objectif et même démarche que ci-dessus.

Évidemment la liste n'est pas close et on utilisera ce procédé pour d'autres expressions si nécessaire.

▲ Ratures de propositions

Il faut supprimer des parties du discours, des propositions, des détails, diverses circonstances du récit.

Pour les premiers exercices, on peut indiquer quels types de circonstants doivent disparaître et en faire la liste au bas de la page.

Supprimer (CM2) **:**

- des précisions de lieu, de temps (2), de but (1), de conséquence ; (1)

- des précisions sous forme d'exemples, d'énumérations, etc.

Les chiffres entre parenthèses indiquent le nombre de circonstanciels à faire disparaître.

« *Ci-dessus* on a mentionné une partie des biens de consommation et d'équipement que l'on peut tirer du produit de base qu'est le bois.

Certaines utilisations sont anciennes et étaient animées par des métiers *aujourd'hui* disparus ; *les charbonniers qui produisaient du charbon de bois nécessaire à l'industrie du fer, les fabricants d'ustensiles en bois, etc.*

Aujourd'hui seuls subsistent les bûcherons équipés de tronçonneuses et les débardeurs de grumes.

Parmi les produits issus du bois, certains font appel à des techniques de pointe : *le bois est transformé en copeaux qui sont ensuite comprimés avec de la colle.*

La chimie du bois permet de produire des essences, des goudrons, des fibres artificielles employées dans le textile, de la pâte à papier.

Malheureusement, la France ne produit pas suffisamment de bois de qualité pour *couvrir ses besoins. C'est un très grave problème.* »

(En italique, les suppressions.)

On peut aussi inciter les scripteurs à réduire un écrit en un nombre donné se lignes.

Cet exercice peut être réalisé en deux temps :

1- Le nombre de lignes imposé est raisonnable.

2- Après lecture des solutions par les sous-groupes, on rend la consigne plus restrictive.

Les enfants sont aidés par les solutions entendues précédemment.

RÉDUIRE

40

ESPACES RESTREINTS

C'est une série de contraintes d'ordre formel qui obligent à raccourcir les textes. Quatre exercices entre autres, peuvent s'adapter facilement aux classes élémentaires et de Collège.

▲ Télégramme

On propose à la classe de réécrire un paragraphe sous forme de télégramme. Trois lignes seulement seront autorisées.

▲ Petites annonces

Des journaux d'annonces sont récupérés ; on étudie le style et on explique ses caractéristiques en fonction de l'espace, puis on essaie d'écrire d'autres annonces à propos d'un objet à vendre.

Dans ce cas, la contrainte est déterminée par la grille d'envoi fournie par le journal qui limite le nombre de lettres.

▲ Chapeau

Après avoir lu quelques extraits de livres de Jules Verne, par exemple, on fait remarquer que chaque chapitre commence par un « chapeau » qui annonce la suite sous forme de résumé.

Exemple :

Chapitre 1. Dans lequel Philéas Fogg et Passepartout s'acceptent réciproquement, l'un comme maître, l'autre comme domestique.

Chapitre 2. Où Passepartout est convaincu qu'il a enfin trouvé son idéal.

On demande alors à la classe d'en faire autant avec un autre roman ne présentant pas ces caractéristiques.

▲ Collections

Ce jeu peut convenir à tous les niveaux de la maternelle à la 6e.

On invite les élèves à débuter une collection d'images représentant une série d'objets ou d'animaux de même nature ; elles seront collées sur un cahier au

cours de l'année et accompagnées d'une phrase caractéristique et limitée par la largeur de la feuille ou de l'image collée.

Dans une maternelle la maîtresse écrira la phrase sous la dictée de l'enfant.

Exemple :

Collection de fruits découpés dans divers catalogues (Grande section de maternelle).

La pomme transpire.
Sur la pêche on voit comme du coton.
Les abricots sont remplis de poussière blanche.
Les amandes ont perdu leur manteau.
Les fraises rouges attendent le sucre.

(Ces notations ont été dictées à la maîtresse.)

Collection d'oiseaux (CM1).

La mésange est un petit oiseau d'Europe très familier.
Le manchot n'a pas de chance : il a perdu ses ailes et ne peut pas voler.
L'oiseau-mouche est un voleur de nectar avec son long bec.
Le tisserin, oiseau d'Afrique, construit un nid à l'envers puisqu'on y entre par dessous.
C'est la nuit que la chouette chasse.
L'hirondelle parcourt des milliers de kilomètres avant de venir nous retrouver.

Collection de poissons (CE2).

La carpe semble dormir.
Le poisson rouge respire en faisant des efforts.
Un poisson rouge traîne sa robe derrière lui.
Les petits poissons effrayés vont se réfugier dans les rochers.
Les poissons dansent au rythme des bulles d'air.

On consultera avec profit l'ouvrage de Duchesne et Leguay, *Les petits papiers* (1); un très grand nombre de formes littéraires contraignant à la concision y est décrit.

1. Magnard, 1991.

EFFACER

41

QUELLES COMPÉTENCES ?

Intérêt pédagogique

Le jeune enfant n'accepte pas volontiers qu'une correction puisse être conçue comme une suppression. Il admet les commutations, les ajouts, mais répugne à barrer ce qu'il a eu du mal à concevoir et mettre en forme.

Les fiches qui suivent vont l'inciter et l'entraîner à l'opération qui consiste à résumer, à dire l'essentiel en peu de mots ou encore à remplacer des éléments par d'autres et apprécier le résultat obtenu.

Compétences mises en œuvre

1- Lire un texte en le comprenant.

2- Repérer les mots comportant la lettre ou le son à faire disparaître.

3- Être capable de remplacer ces mots par des tournures équivalentes.

4- Respecter le sens du texte (ce qui renvoie au 1).

5- Être capable d'écouter la lecture des autres sous-groupes et en tirer profit.

6- Être capable de réécrire son texte en l'améliorant par le relevé des suggestions précédentes.

7- Réécrire correctement et sans fautes.

8- Pouvoir présenter son écrit d'une manière parfaite selon un procédé de mise en évidence de la consigne : calligraphie, calligrammes, machine à écrire, Letraset®, normographe, couleurs, etc.

EFFACER

42

LIPOGRAMMES

Ce genre d'activités s'inspire du lipogramme décrit dans l'Oulipo par Perec.

Un texte doit être composé en évitant d'écrire une ou plusieurs lettres de l'alphabet. Pour y parvenir le scripteur doit contourner certaines tournures, les remplacer par d'autres, des synonymes ou des expressions proches du texte.

Il existe théoriquement 26 possibilités de lipogrammes. Cependant certains sont plus difficiles que d'autres, notamment la disparition des *e*.

Avec des élèves, on proposera des contraintes plus faciles en fonction des occurrences concernant les lettres du français écrit.

On demande aux équipes de deux ou trois élèves d'inventer un court récit en évitant d'utiliser une lettre particulière.

▲ Gommer les *s*

Cette consigne implique une écriture au singulier, mais elle laisse l'enfant libre de composer le récit qu'il souhaite.

Variante : Distribuer un texte court et donner la même consigne que précédemment.

Les groupes doivent donc repérer les mots contenant des *s* puis les remplacer par d'autres (travail sur la synonymie), ou bien remanier le texte en essayant d'être le plus près possible du sens original.

Cette consigne présente l'avantage de faire travailler sur une trame ; mais la disparition des lettres pose d'autres problèmes contraignants, en particulier d'insertion de groupes de mots et de respect du sens général de l'écrit distribué.

Variante : Afin de nuancer les avantages et inconvénients des deux exercices on peut donner un écrit court de 3 ou 4 lignes avec pour consigne la disparition des *s*, par exemple, puis poursuivre librement la suite du récit en conservant la même contrainte.

▲ Gommer les *e*

Exercice difficile ; il vaut mieux le réserver à de bons CM2. Il est préférable de laisser les groupes libres de leur écrit.

Cette contrainte conduit à éviter les féminins et leurs accords. On acceptera les *e* accentués.

▲ Gommer les *i*

Ceci oblige à éviter les imparfaits et certaines autres personnes de la conjugaison.

Ce jeu, assez facile, peut être donné à des élèves de cycle 2.

Variante : Avec un texte distribué, on peut induire des changements de temps, des modifications de personnes.

▲ Gommer les *a*

Exercice qui conduit également à supprimer des imparfaits ; mais les *a* étant plus fréquents que les *i*, dans la langue française, on réservera ce jeu pour les cycles 3.

▲ Gommer les *n*

Un texte libre est toujours plus facile à réaliser que lorsque l'on impose un extrait. Tout naturellement les groupes doivent éviter certaines tournures au pluriel (verbes en « ent » par exemple). Si l'on distribue un texte, les élèves devront remplacer les pluriels, les énumérations par des singuliers ou d'autres solutions.

▲ Gommer les *o*

Obligation d'éviter les *on*, les *alors* ainsi que les *nous, vous,* etc.

▲ Gommer les *r*

Cette consigne conduit à ne pas utiliser, entre autres, les infinitifs, le futur.

▲ Gommer les *l*

Conduit les scripteurs à éviter, par exemple, les déterminants tels que : *les, le, la,...* et des pronoms comme *il, elle, ils, elles*, etc.

▲ Gommer les *j*

Oblige à transformer un texte à la 1re personne en un écrit rédigé à une autre personne. Ceci implique de changer le point de vue du narrateur et illustre le rôle particulier des pronoms dans la phrase.

▲ Gommer les *p*

Disparition des formes négatives.

▲ Gommer les *t*

Plus de formes en *ait* ou *rait* dans la conjugaison, par exemple.

▲ Gommer les *x*

Les pluriels en *x* doivent être évités.

▲ Gommer d'autres lettres

Pas de *m*, pas de *u*, pas de *v*... On peut choisir n'importe quelle lettre pour construire de nouveaux exercices.

Le choix est infini puisque l'enseignant peut coupler : pas de *m* et de *v*, pas de *h* et de *c*, etc.

Un récit peut aussi être composé de la manière suivante :

– 1er paragraphe : pas de *i* ;

– 2e paragraphe : pas de *r* ;

– 3e paragraphe : pas de *u*, et ainsi de suite jusqu'à la fin.

EFFACER

43

DISPARITIONS

Les exercices qui suivent ne sont plus des lipogrammes au sens strict, mais s'en inspirent.

Les consignes sont du même type que précédemment, mais au lieu d'interdire une lettre on va interdire des signes.

Disparition des accents

Ceci conduit le scripteur à remplacer tous les mots accentués par d'autres et, plus précisément, les participes passés par d'autres formes.

Disparition des guillemets et des tirets

Il est recommandé de distribuer un texte au style direct. Les groupes le transformeront au style indirect.

Disparition des points d'interrogation

Un écrit comportant des phrases interrogatives sera confié aux élèves. La consigne exige la suppression des questions; il faudra les remplacer par des verbes du type : *questionner, demander, s'enquérir, s'interroger,* etc.

Disparition des points d'exclamation

Même approche que ci-dessus. Ici les enfants sont conduits à juger des diverses nuances exclamatives et doivent respecter les colorations affectives sous forme de notations telles que : *s'étonner, se scandaliser, ne pas croire à, admirer, être incrédule, rester bouche bée, s'exclamer,* etc.

Disparition des points sur les lettres

Exercice qui sensibilise à l'orthographe du *i* et du *j* au cours de leur repérage.

EFFACER

44

SURDITÉS

Il s'agit de supprimer des catégories de sons dans un récit libre ou imposé.

▲ Surdité aux [s]

Dans ce cas on doit rejeter les mots comme *addition, assis,* mais en revanche les pluriels en *s* ne seront pas écartés puisque le son [s] ne s'entend pas.

Il s'agit ici d'exercer l'oreille des enfants, de les amener à saisir la différence entre graphies et sons. **Aux CP, CE1, CE2, un tel entraînement est très efficace**; il conviendra, pour ces niveaux, de choisir des textes courts, d'une ou deux phrases.

▲ Surdité aux [o]

Les mots comportant la lettre *o* comme *oie, bijou* pourront être conservés, alors que d'autres sans *o* comme *bateau* ou *faux* devront être remplacés.

▲ Surdité aux [a]

Consigne qui met en évidence les diverses graphies du [a] avec également, l'obligation de remplacer les participes présents et les gérondifs.

▲ Surdité aux [ɛ̂]

Cette instruction conduit les groupes à repérer les mots contenant le son [ɛ̂] composés de graphèmes différents comme dans *impossible, tinter, bain, bien, daim...*

▲ Surdité aux [k]

La surdité au [k] met en évidence les réalisations très contrastées comme pour : *cacher, chaos, quelques, képi, axe.*

▲ Surdité aux [e] et [ε]

Dans son écrit l'enfant doit éviter les *é* comme dans *été*, les *ê* comme dans *fête*, *è* comme pour *fève* ou encore les *ai* en conjugaison de l'imparfait par exemple.

Si le texte est bien choisi les équipes peuvent être en présence des réalisations concernant les [e] fermés et les [ɛ] ouverts.

▲ Surdité aux [u], [y]

Le jeu sur l'opposition *ou, u* permet de bien différencier les sons des graphies.

Ainsi, si l'enseignant le désire, ces jeux permettront de travailler tous les sons de la langue française ainsi que les graphies.

C'est une excellente approche de l'orthographe, du vocabulaire et une préparation efficace à la reconnaissance des particularités de la langue écrite (en général surnormée) par comparaison avec l'oral.

EFFACER

45

QUELQUES CONSEILS

▲ Suggestion de consignes

Voici un texte. Ton équipe doit faire disparaître tous les mots contenant des (*a, e, i*...) ou des sons tels que [a], [o], [k]...

Vous devez conserver le sens général du texte.

Il faudra donc remplacer les mots qui ne conviennent pas par d'autres.

Vous avez le droit d'utiliser des synonymes, plusieurs mots, une proposition ou même une phrase.

Vous pouvez prudemment modifier la ponctuation si cela s'avère nécessaire. Respectez le sens du texte et veillez à l'orthographe.

▲ Autre possibilité

Inventez un texte, un récit, en évitant systématiquement d'écrire la lettre (...) le son [...].

Le texte ne doit pas être décousu. Respectez la correction du style et l'orthographe.

▲ Réécriture

Après avoir écouté les textes lus par les autres équipes, chacun de vous a dû remarquer deux ou trois bonnes solutions. Reprenez votre texte individuellement pour l'améliorer grâce à ces quelques emprunts.

Lorsque tout sera corrigé, vous reprendrez votre écrit pour la troisième fois et le recopierez très soigneusement en mettant en évidence par quelque moyen que ce soit la consigne de départ.

Vous choisirez librement vos outils et votre support en fonction de l'effet à produire sur le lecteur et en fonction du sens.

MOTS-VALISE

46

QUELLES COMPÉTENCES ?

Intérêt pédagogique

Des mots nouveaux sont inventés en utilisant les syllabes d'autres substantifs de la langue. Ce jeu peut se pratiquer librement, mais il est bien plus efficace de montrer aux élèves comment on en fabrique. Cette connaissance du mécanisme permettra de mieux comprendre les jeux auxquels se sont livrés Lewis Carroll ou Henri Michaux, et même de tenter une traduction du discours d'Humpty Dumpty en le comparant à sa propre production.

Compétences mise en œuvre

Sensibiliser l'enfant aux problèmes de lexique.

Développer son sens de la créativité en lui fournissant des aides multiples.

L'initier au rôle et au fonctionnement des préfixes et des suffixes par diverses manipulations.

L'aider à rédiger des textes courts.

Le conduire à créer un récit de fiction.

Lui faire découvrir l'emploi des mots inducteurs de merveilleux dans un récit.

MOTS-VALISE

47

MACHINES À MOTS

▲ Combinaison de syllabes

On choisit un thème : par exemple, les arbres. On trace trois colonnes au tableau et on demande aux enfants de trouver des noms d'arbres que l'on inscrit jusqu'à ce que les colonnes soient remplies. Ensuite, on donne quelques exemples de découpages possibles en évitant de toujours partir de la première liste et de toujours sélectionner les premières syllabes des mots.

Exemple:

citronnier	cèdre	acacia
saule	pin	pommier
baobab	platane	oranger
mandarinier	cerisier	peuplier
chêne	bananier	sapin
hêtre	eucalyptus	bouleau
mimosa	cyprès	magnolia
tilleul	châtaignier	amandier
saule pleureur	prunier	hévéa
néflier	merisier	poirier

Le *Miboupleur* (mimosa bouleau saule pleureur).
Le *pinliaca* (pin magnolia acacia).
Le *manciger* (mandarinier citronnier oranger).
Le *ranplanier* (oranger platane prunier).
Le *sacibao* (sapin citronnier baobab).
Le *pleurcycia* (saule pleureur cyprès acacia).
Le *motadier* (mimosa platane amandier). (*Mots trouvés par une classe de CE2*).

Rien n'empêche de puiser des syllabes dans la même colonne.

On peut procéder de même avec des animaux, des habitations, des plantes, des aliments, des personnages, des voitures, des objets, des pays, etc.

En un premier temps les enfants jouent librement avec les syllabes, proposent oralement des combinaisons; ensuite, ils notent par écrit les noms qui leur plaisent.

Dans une classe de **cycle 2** on demandera une courte description de l'arbre ou de tout autre objet « extraordinaire » et un dessin l'illustrant.

Lorsque cela est possible on photocopiera les modèles et on laissera les élèves procéder à un découpage collage et coloriage.

Exemple (CM1) : les animaux « bizarres »

loup	aigle	chèvre
renard	requin	pigeon
chacal	tortue	corbeau
serpent	loutre	souris
mouton	lézard	rhinocéros
pie	puce	goujon
alouette	morue	carpe
lion	aigle	anguille
truite	éléphant	hirondelle
grenouille	chat	caméléon

Les groupes ont trouvé :

Le chachadé, le picalé, le beaurhiphant, le caléchat, le tucomou, le mégreloup, le bupical, le guillerou, le soutorton, le goumorquin, le tonturue, le ronmolion, le cargoupuce.

Pour les habitations :

cabane	villa	chalet
immeuble	appartement	grotte
igloo	tente	manoir
studio	château	palace
bouge	gratte-ciel	hôtel
résidence	pavillon	abri
chambre	suite	terrier
nid	niche	écurie

Mots trouvés par des élèves de CM2:

Un pochastre, un éponid, un grabougloo, une canigrotte...

Quand le thème se prête bien à des photomontages on laissera les enfants découper les parties du corps nécessaires pour réaliser un animal fabuleux.

Pour les **cycles 3**, après sélection et illustration on suscitera un texte qui pourra prendre l'allure d'une fiche technique avec la description, puis le mode de vie, la nourriture, l'habitat, les occupations, l'environnement, etc.

Si l'enseignant désire poursuivre, il fera lire les divers textes et pourra inciter la classe à bâtir un récit imaginaire où des personnages extraordinaires pourraient évoluer dans un monde peuplé d'animaux insolites dans un décor aux constructions bizarres entourées de plantes et d'arbres étranges.

Lorsque le maître veut éviter la création, par tous les sous-groupes, de tous les éléments de la fiction, il peut proposer de mettre en commun les fiches descriptives de personnages, de fleurs, plantes, etc...

▲ Combinaisons de mots et de préfixes

Exercice pour le **cycle 3** et la **6**ᵉ.

L'enseignant explique le sens d'un certain nombre de préfixes; il les inscrit en colonne au tableau. Ensuite il place une série de mots à droite de ces préfixes. Pour commencer il montre comment procéder à des combinaisons : *préfixes - mots*. En même temps il indique des sens possibles à ses trouvailles. Enfin, la classe est invitée à procéder de la même manière.

pré	papillon
dé	stylo
mini	éléphant
anti	rose
tri	igloo
bi	géant
maxi	princesse
micro	héros
déca	églantine
quadri	chine
télé	tilleul
pro	oranger
poly	ballon
hydro	lion
hyper	souris
super	combat
	nain
	fée
	château

Les groupes proposent des mots accompagnés de leur définition inventée.

Une *antiprincesse* : c'est une princesse qui fait le contraire de ce qu'elle fait dans les contes.

Un *trioranger* : un oranger qui donnerait trois fois des fruits dans l'année.

Un *hypernain* : un nain qui, malgré sa taille, serait très fort.

Une *antisorcière* : une sorcière qui s'opposerait au mal que font les autres sorcières.

Un *polypapillon* : un papillon qui aurait de nombreuse ailes de rechange.

Un *préhéros* : un héros qui se préparerait à jouer le rôle d'un vrai héros.

Un *maxicombat* : un combat qui durerait de nombreux jours et qui ferait beaucoup de morts.

Un *miniéléphant* : un éléphant qui serait petit pour son espèce.

Un *superlion* : un lion plus gros et plus puissant que les autres.

Un *bigéant* : un géant à deux têtes.

La même « machine » peut s'exercer sur des verbes :

pré	marcher
dé	écrire
mini	partir
anti	parler
tri	fermer
bi	combattre
maxi	questionner
micro	courir
déca	sauver
quadri	épouser
télé	sauver
pro	trouver
poly	provoquer
hydro	trahir

Préfermer : c'est prendre la précaution de fermer la porte avant de partir.
Maxicombattre : c'est combattre jusqu'à l'épuisement.
Biquestionner : il s'agit de questionner deux fois afin d'être bien sûr de la réponse.
Tritrahir : c'est trahir trois fois le héros.
Microparler : il s'agit de parler très peu et à voix basse pour ne pas être entendu.
Polyécrire : quelqu'un qui polyécrit est une personne qui passe sa vie à faire des romans.
Antiprovoquer : celui qui antiprovoque évite une bagarre car il provoque celui qui voulait se battre.
Hydrosauver : c'est sauver quelqu'un de la noyade.

Même principe pour ce qui concerne la création d'adjectifs nouveaux : *Décalme, polyjolie, maxiélégante, micropropre, anticurieux, déaimable, tridocile,* etc.

On le voit, non seulement il s'agit de jouer sur le sens de certains préfixes et les intégrer d'une manière ludique mais encore de provoquer l'imagination, déclencher un déclic pour écrire, pour être capable de dépasser l'angoisse d'un récit à débuter.

MOTS-VALISE

48

CRÉER

La fiche précédente met l'accent sur deux types d'inducteurs permettant de fabriquer des mots nouveaux et, par conséquent, des entités nouvelles (nouveaux objets, nouveaux animaux, etc.). Il convient alors d'exploiter ces découvertes pour inciter les groupes à créer, écrire, approfondir.

▲ Descriptions

Les élèves de **cycle 2** composeront des textes courts et descriptifs. On proposera deux animaux ou objets et une phrase.

Exemple (CE1, début de l'année):

Le chaco a le dos couvert de tâches rouges comme la coccinelle.
La torloup ne court pas vite avec sa carapace de tortue sur le dos.
La moupuce regarde passer la goelouette dans le ciel.

Les enfants pourront aussi être guidés par une série de questions.

Comment est-il (elle)? Son aspect extérieur; les formes; les couleurs; les particularités; la grosseur...

Exemple (CE1):

Le citosaule a des branches chargées de citrons qui tombent à terre.
Le banamanda est un arbre fantastique qui ressemble à un bananier et qui, en hiver est couvert de fruits rouges comme des mandarines.
L'amanmi donne des amandes au printemps mais ses fleurs sont jaunes comme celles du mimosa.

▲ Encyclopédies

Les textes induits doivent ressembler à ceux que l'on trouve dans les encyclopédies.

Les groupes observent des articles tirés de divers ouvrages, puis mettent en évidence la macrostructure du paragraphe abordé ainsi que sa microstructure. On insistera sur : la description, la nourriture, la chasse, l'habitat, le milieu, la descendance, l'éducation, les soins, etc.

Ensuite on abordera la présentation matérielle.

Exemple (CM1) :

« *Le pigeonphant* : n. masc. Animal aussi gros qu'un éléphant qui peut voler comme un pigeon. Il porte des plumes blanches et noires et se nourrit essentiellement de graines. Il avale en moyenne une tonne de maïs et deux tonnes de blé par jour.

Il vit dans les pays chauds et humides où les céréales poussent en abondance.

La femelle a un *pigeonphanteau* par an. Celui-ci est nourri par le père et la mère qui lui apportent des graines broyées sous forme de farine.

Au bout d'un an le petit *pigeonphanteau* commence à voler. Bientôt, il part du nid et va chercher lui-même sa nourriture. À un an et demi il est prêt à s'en aller définitivement.

Plus tard il rencontrera une *pigeonphante* et tous deux vivront ensemble pendant plusieurs années. »

▲ Contes extraordinaires

La classe est subdivisée en plusieurs sous-groupes. Chacun des groupes doit, en un premier temps, créer des personnages fictifs, des animaux extraordinaires, des plantes, tout un environnement.

Ils doivent ensuite écrire une histoire en utilisant également des verbes, des adjectifs originaux composés grâce aux préfixes.

Exemple : Cendricitrouille (CM2, après trois réécritures) :

« Il était une fois une *miniprincesse* qui vivait heureuse avec son père et sa mère dans un *maxichâteau.* Chaque jour ils allaient se promener dans leur jardin et admiraient les *poiracacias,* les *pommorangers,* goûtaient les fruits du *citropinard.*

Mais un jour de *polymalchance* une *supersorcière bijalouse* arriva à *tritrahir* les gardes et pénétra dans le *maxichâteau.* Là elle versa un *extrapoison* à la reine qui mourut dans des souffrances *polyatroces.*

Quelques années passèrent... Le roi était *décatriste* : il ne *prélisait* plus dans son *archibibliothèque,* il ne *micromarchait* plus l'après-midi. La *miniprincesse* lui conseilla de se remarier.

Un mois plus tard, on célébrait son mariage avec une *trompeprincesse* qui avait deux *faussesfilles.*

Aussitôt qu'elles furent installées dans le *maxichâteau* elles *antiregardèrent* la *miniprincesse* qu'elles baptisèrent *Cendricitrouille.* Le matin elles la réveillaient *supertôt* pour qu'elle leur *multiprépare* leur petit déjeuner fait de *cafélait,* de *tartibeurres,* de *chocotoasts,* de *confirange.*

Ensuite elles lui *polyordonnaient* de faire la vaisselle *graicrasseuse,* le ménage *multipoussiéreux.* Pendant ce temps, elles allaient se *tripromener* dans la campagne le long des *rivefleuves* où s'installaient les *hydropêcheurs.* La *trom-*

peprincesse espérait qu'une de ses *faussesfilles prérencontrerait* le fils de l'*emperoi* car tout le monde savait qu'il voulait se marier.

Un jour il décida de donner un bal afin de rencontrer sa future *empereine.*

Le soir venu, les trois *faussesprincesses* se préparèrent et laissèrent la *multipauvre Cendricitrouille hyperseule.* Celle-ci se mit à *maxipleurer.* Heureusement, alertée par ces *crocolarmes, l'antisorcière,* marraine de *Cendricitrouille* accourut.

Elle eut vite fait de l'habiller avec une *robejupe,* une paire de *mocasouliers* faits de *vitreverres* très fragiles. Avant de partir sa marraine lui *multirecommanda* de *départir* du bal à minuit précises. Pour se déplacer, elle transforma un *meloncitrouille* en calèche.

Dès quelle arriva, l'*emperoi* l'aperçut et en tomba *passionamoureux.* Il *redansa* avec elle toute la nuit. Mais, tout à coup, les douze coups de minuit se mirent à *tinsonner.* Vite, la *miniprincesse* se précipita dans le grand escalier et monta *prompthativement* dans son carrosse. Mais dans son *ultracourse* pour *rétropartir* elle perdit un de ses *mocasouliers.*

L'*emperoi* avait pu récupérer le *préciamoureux* objet ; il *archidécida* de retrouver la *miniprincesse* en allant dans chaque *maxichâteau* le faire essayer.

Nullepersonne ne parvint à le chausser.

Enfin, un jour, il arriva chez *Cendricitrouille* : les *faussesprincesses malattendaient* impatiemment. Elles essayèrent de mettre le *mocasoulier,* mais en vain.

C'est alors que l'*emperoi* se *rétrotourna* vers *Cendricitrouille* et l'invita à passer le *microextra mocasoulier.* Les *faussesprincesses prériaient* déjà. Mais à leur très grande stupéfaction elle *monoenfila* le *mocasoulier* sans difficulté.

L'*emperoi* avait retrouvé celle qu'il aimait, son *hémiépouse,* et ils se marièrent le lendemain. Plus tard ils eurent des *multibambins* et vécurent *radiheureux.* »

SENS OBLIGATOIRES

49

QUELLES COMPÉTENCES ?

Intérêt pédagogique

Ces jeux se répartissent en six grands ensembles : sons obligatoires, série de mots imposés, locutions et formules inévitables, contraintes grammaticales, rythmes obligés, acrostiches. Dans tous les cas, on doit insérer un élément dans une phrase ou un texte ; cela oblige à un remaniement d'un bloc en place, d'où des calculs portant sur le rythme, les sons, le sens... puis des réécritures pour réguler le sens.

Compétences mise en œuvre

Ces contraintes conduisent les groupes à lire et relire d'une manière intelligente, à écrire en s'obligeant à respecter l'intrusion d'éléments perturbateurs, à utiliser ces éléments d'une manière positive en les transformant en vecteurs esthétiques : effets de sens, de sons, de rythme.

Ils permettent de multiples réécritures selon l'exigence voulue par l'enseignant.

SENS OBLIGATOIRES

50

SONS OBLIGATOIRES

▲ Les règles du jeu

Écrire un texte comportant le plus grand nombre possible de sons imposés.

Ainsi : le son [a], [i], [j], [o], [k], [s], [ɛ], etc.

On pourra imposer un nombre de sons par phrase si on le juge nécessaire, mais il faudra demander un grand nombre de réalisations graphiques différentes.

Par exemple pour [k] : *calcul, quelques, chaos, képi, excès.*

Des textes seront écrits contenant des mots terminés par le même son, d'autres avec des mots commençant par le même son.

Il sera possible également de fixer un nombre minimum de sons par phrase.

▲ Mise en œuvre

Au CP ou même en grande et moyenne section de maternelle, il est fréquent de créer des comptines rimant avec les prénoms de la classe. Ici aussi il est bon de choisir un thème afin de varier au cours de l'année. La liste sera affichée afin de familiariser les enfants avec ces divers sons.

Exemples :

Les sportifs

Anne fait de la rame.
Olivier conduit le voilier.
Bruno aime le judo.
Denis joue au tennis.
Mohammed aime le basket.

Les cuisiniers

Caroline fait la cuisine.
Michel essuie la vaisselle.
Lucette se sert de sa fourchette.
Olivier est près de l'évier.
Anaïs fait des glaces à l'anis.

Les actifs

Michel monte à l'échelle.
Ludovic joue aux élastiques.
Hélène fait de la marelle.
Paul joue au football.

Les voyageurs

Olivier
Vient de Poitiers
Sur ses pieds.

Sophie
Vient de Turquie
Sur ses skis.

Laurent
Revient du Saint-Laurent
En clopinant.

Sébastien
Vient de Pékin
Par le train.

Michel
Vient des Seychelles
Sur ses orteils.

Marion
Vient de Lyon
En camion.

Cette excellente pratique prépare l'oreille à l'orthographe d'usage et sensibilise aux diverses graphies possibles.

SENS OBLIGATOIRES

51

SÉRIE DE MOTS IMPOSÉS

Les règles du jeu

Une série de mots est fournie aux élèves. Ils doivent composer un texte où les mots apparaîtront dans l'ordre. Pour les plus jeunes, on n'imposera pas un ordre mais seulement d'utiliser tout le « réservoir » de mots.

La classe peut aussi proposer cette liste sur un thème donné.

Étiquettes

Les mots sont écrits sur des étiquettes. Ils sont placés dans des boîtes. Les groupes viennent en tirer au sort un certain nombre, notent l'ordre d'apparition et composent un récit.

En maternelle on fournira aux enfants des fiches sur lesquelles on aura collé des images d'animaux, de personnages, d'objets, etc.

Les enfants viennent tour à tour tirer une image. Le premier commence à raconter une histoire et doit utiliser le mot inducteur, puis un second poursuit le récit après avoir tiré au sort une autre image dans la pile et ainsi de suite.

L'enseignant peut, s'il le juge utile, écrire le mot au bas du carton pour familiariser les enfants avec des formes écrites utilisées assez régulièrement.

Récit oral

Ce jeu se pratique aussi oralement avec des élèves des **cycles 1 et 2**. L'histoire n'est pas écrite, mais racontée successivement par des volontaires qui piochent au fur et à mesure du déroulement du récit.

Thèmes

En cycle 3 des thèmes peuvent être travaillés. Par exemple, on lira des recettes de cuisine, puis les groupes devront relever un certain nombre de mots techniques ou spécifiques. Ensuite, on leur demandera de composer un texte où un nombre imposé de mots figurera. Il sera loisible d'aborder des thèmes comme « les modes d'emploi », « le sport », « les petites annonces », « le vocabulaire de la publicité », « les énoncés de mathématiques ».

Un travail plus spécifique sera induit en faisant rechercher une liste de mots déterminés. Par exemple, un lexique portant sur des noms d'oiseaux : passereau, pigeon, goéland, roitelet, mésange, chardonneret, oie, poule, etc.

L'écrit obtenu a très souvent une coloration technique précise, plutôt de type scientifique.

SENS OBLIGATOIRES

52

LOCUTIONS ET FORMULES INÉVITABLES

▲ Les règles du jeu

L'approche est identique à celle concernant le paragraphe précédent.

Il faut placer des locutions ou des formules toutes faites à l'intérieur d'un texte. Ces formules pourront apparaître dans un ordre imposé ou non.

▲ Formules

Les équipes recherchent un certain nombre de formules figées ; par exemple, des **formules de politesse**.

« *Je vous remercie, je vous en prie, faites donc, je n'en ferai rien, après vous, ce n'est rien, à vos souhaits, je vous prie de m'excuser, avec mes remerciements, vous serait-il possible, auriez-vous la bonté, croyez à, mes meilleurs sentiments, je vous souhaite un joyeux Noël, bonne année, joyeux anniversaire, bonne fête, merci bien, avec plaisir...* »

Par petits groupes de deux ils rédigent un dialogue où un certain nombre de formules devront être employées.

Les **formules concernant la rédaction de lettres** permettent d'initier l'enfant à ces règles formelles.

« *Monsieur, Madame, cher Monsieur, Mes chers enfants, Chers amis, je vous adresse, je me permets de, veuillez avoir l'obligeance de, j'ai l'honneur de vous demander, je me permets de vous...*
Très amicalement, je t'embrasse, mes baisers les plus tendres, très cordialement, avec mes sentiments les plus respectueux, veuillez agréer Monsieur, Madame l'expression de mes sentiments les... », etc.

La réécriture est ici indispensable pour que les élèves comprennent l'importance de la mise en page.

Il en est de même pour les formules concernant les recettes de cuisine, et plus précisément les verbes et les ustensiles cités.

▲ Expressions

Pour structurer un récit il est important de posséder un stock de mots ou de locutions exprimant **les nuances de temps**.

D'abord les équipes relèvent, dans des récits et des contes, des expressions de temps (**mots ici relevés par une classe de CM2**) :

« *hier, avant-hier, depuis, la semaine dernière, le mois dernier, l'année dernière, il y a bien longtemps, longtemps, indéfiniment, une éternité, quelques temps auparavant, la veille, l'avant-veille, l'année dernière, le lendemain, plus tard, le jour suivant, le matin, le soir, à l'aube, au crépuscule, en soirée, dans la matinée, en cours de journée, en pleine journée, en plein jour, pendant la nuit, toute la nuit, tout le jour, à midi, l'année prochaine, l'année d'après, le mois prochain, peu après, déjà, la dernière fois, ensuite, bientôt, puis, quelque temps après, en ce temps-là, préalablement, tout de suite, immédiatement, sur le champ, dorénavant, illico, à l'instant, instantanément, séance tenante, sur l'heure, à la minute, déjà, dans le moment même, aussitôt, pendant que, au cours de, au moment où, ...* »

Voici un des textes obtenus avec la consigne : « ***Résumez un conte connu en employant le plus grand nombre possible de mots prélevés dans votre liste sans les répéter.*** »

Il y a *bien longtemps, au temps où* la forêt occupait la presque totalité de la France, vivait à l'orée du bois une famille de bûcherons. Ils étaient pauvres. *Un jour* les parents décidèrent de perdre leurs sept enfants qu'ils ne pouvaient plus nourrir... Mais *ce soir-là*, un de ceux-ci, le plus petit appelé le Petit Poucet, surprit leur conversation. *Le lendemain* il remplit ses poches de cailloux blancs qu'il sema *immédiatement* sur le chemin.

Peu après, lorsqu'ils comprirent qu'ils étaient abandonnés les enfants s'affolèrent, mais *bientôt,* le Petit Poucet les rassura. Et en effet, un *moment plus tard* ils étaient devant la porte de leur cabane.

Un mois après, les parents firent le même projet. Le Petit Poucet qui, *la veille* avait tout entendu remplit ses poches de mies de pain. *Pendant qu'ils* cheminaient il sema ses morceaux de pain. *Un instant plus tard* ils découvrirent qu'on les avait abandonnés une fois encore. Ils pleurèrent *longtemps* sauf le Petit Poucet qui pensait faire comme la *dernière fois*... Mais, après avoir cherché *quelques minutes*, il comprit que les oiseaux avaient mangé son pain et qu'ils étaient perdus. Ils errèrent *indéfiniment* dans les bois. Enfin *le soir venu*, ils aperçurent une maisonnette. Ils frappèrent à la porte et une femme leur ouvrit *aussitôt.* Mais *illico* elle les avertit qu'ils étaient chez l'Ogre. Heureusement, celui-ci s'était absenté pour *quelques jours*. Sa femme leur offrit l'hospitalité. *Peu après*, ils mangèrent et allèrent se coucher à côté des sept filles de l'ogre. Malheureusement, *au cours de la nuit*, l'Ogre rentra. Il sentit *tout de suite* la présence des enfants et se promit de les dévorer *à l'aube*. Mais le Petit Poucet avait tout entendu. *Séance tenante*, il prit les bonnets de nuit des filles et les mit sur la tête des garçons. *Quelques heures plus tard*, l'Ogre se leva et alla dans la chambre. En *quelques secondes* il tua ses filles mais *peu après* il découvrit son erreur. Cependant, le Petit Poucet avait *déjà* disparu. *Instantanément* l'Ogre partit à leur poursuite ; il avait enfilé ses bottes de sept lieues et avançait très vite. *Quelques minutes plus tard*, il les avait rattrapés. Par chance, l'Ogre était très fatigué : il s'allongea *quelques minutes* au pied d'un chêne et s'endormit *bien vite*. *Dans l'instant même* le Petit Poucet en profita pour lui dérober ses bottes. Accompagné de ses frères ils eurent *tôt fait* de revenir chez eux.

Les parents promirent que *dorénavant* ils ne penseraient plus à les perdre. Et *depuis*, ils vécurent heureux *une éternité*.» (*CM2*)

De même pour les expressions concernant les **notations de lieux** :

« *au loin, plus près, à gauche, à côté de, devant, plus bas, sur, derrière, sous, en haut, en bas, au sommet, au pied, entre, plus loin, au-dessus, au-dessous, à l'horizon, en face, à quelques mètres, plus bas, plus haut, au milieu, dans, sur, à droite, à gauche...* ».

On demandera une description à l'aide du plus grand nombre de mots possibles.

▲ Locutions

Après sélection de locutions ou proverbes les élèves sont invités à écrire un texte comportant un nombre donné de ces expressions dans l'ordre ou non.

« Harry avait une *tête de bois* mais un *cœur d'or*. Il était souvent *à sec* et *dansait devant le buffet* : pourtant il se *décarcassait* ! Un jour qu'il *avait le cafard*, il alla trouver son banquier pour emprunter un peu d'argent afin de se distraire. Mais celui-ci avait *les doigts crochus* : il refusa catégoriquement. Alors Harry *remua ciel et terre* pour parvenir à ses fins : *montrant les dents*, il *prit le taureau par les cornes* et *mit les bouchées doubles* pour travailler. En peu de temps *il fut cousu d'or*, et eut *sa place au soleil*. Enfin il *buvait du petit lait* !

(CM1. Après réécritures et relectures des divers groupes.)

SENS OBLIGATOIRES

53

CONTRAINTES GRAMMATICALES

▲ Les règles du jeu

Des mots ou des locutions peuvent donner lieu à des jeux d'écrits utilisables éventuellement par le maître lors d'une séquence davantage centrée sur une activité grammaticale.

▲ Conjonctions

Fournir une liste de conjonctions de coordination ou de subordination et proposer aux équipes de rédiger un texte où celles-ci devront paraître en grand nombre ou dans un ordre donné.

Dans *Les Contes du miroir,* Yak Rivais compose un texte intitulé *Conjonctions*, dans lequel chaque phrase débute par une conjonction nouvelle.

▲ Déterminants

Une liste de déterminants est proposée. Les groupes composent un écrit où ceux-ci arrivent dans l'ordre de la liste.

▲ Verbes et adverbes

Même processus que ci-dessus. Une liste de verbes seuls peut être fournie ou accompagnée d'adverbes.

▲ Adjectifs, prépositions, etc.

Pour varier on peut fournir une liste alphabétique d'adjectifs ou de prépositions. Les groupes devront créer un écrit en respectant cet ordre.

Remarque : Tous ces exercices peuvent se pratiquer sans que l'enseignant ait besoin d'indiquer des repères concernant la nomenclature. L'enfant pourra travailler avec autant d'efficacité, et c'est plus tard, éventuellement, qu'on lui fournira les notions concernant la nature et la fonction des termes utilisés.

SENS OBLIGATOIRES

54

RYTHMES OBLIGÉS

Les règles du jeu

Toutes sortes de contraintes rythmiques peuvent être l'objet de jeux motivants. Elles peuvent plus particulièrement porter sur les lettres, les syllabes ou les mots.

Lettres

Composer un texte dont les mots comportant un *i*, un *o*, un *a* alterneront systématiquement. Les mots-outils ne sont pas pris en compte.

Écrire un texte où chaque phrase commencera par une lettre différente : par exemple *l*, puis *m*, puis *r*, et ainsi de suite jusqu'à la fin. Les lettres seront agencées de telle sorte qu'elles formeront un mot ou une phrase.

Rédiger un paragraphe dont la première lettre d'une phrase sera la dernière lettre de la phrase précédente.

« *Il était une fois trois voleurs. Sous un olivier, ils s'étaient assis à l'ombre car le soleil brillait dans le ciel bleu. Un paysan vint à passer, traînant une chèvre avec une clochette au cou, et un âne. Évidemment, il allait au marché de la ville la plus proche.* » (1)

Un autre jeu consiste à écrire un texte dont deux (ou trois phrases) devront commencer par la même lettre, puis deux (ou trois) phrases par une autre lettre ceci en alternant jusqu'à la fin du récit. Les lettres seront de préférence laissées au libre choix des enfants.

Syllabes

Le rythme pourra être régulier ou non. Par exemple un rythme régulier consiste à écrire un texte composé de mots ayant le même nombre de syllabes : deux syllabes ou trois représentent une contrainte raisonnable.

1. Yak Rivais, *op. cit.*

Un rythme irrégulier consistera à composer un écrit dont le premier mot aura une syllabe, le deuxième deux syllabes, le troisième trois, puis on recommence jusqu'à la fin.

Autre activité : Les groupes doivent sélectionner des mots de deux syllabes pour la première phrase puis de trois pour la deuxième, deux pour la troisième, etc. On ne tient pas compte des mots-outils.

Dernière syllabe première syllabe: À l'exemple du jeu de Yak Rivais, on peut aussi imposer que la première syllabe de chaque phrase commence par la dernière de la phrase qui précède.

On peut aussi demander de rédiger un paragraphe dont chaque phrase sera composée du même nombre de syllabes... C'est déjà une initiation à la poésie libre.

Mots

Il est possible d'imprimer un rythme à un écrit au travers des mots.

Par exemple, on peut demander de composer un fragment dont les phrases auront toujours le même nombre de mots.

Ou encore écrire un passage dont deux ou trois phrases commenceront par le même mot, puis deux ou trois autres par d'autres mots identiques, etc.

SENS OBLIGATOIRES

55

ACROSTICHES

« Pièce de vers composée de telle sorte qu'en lisant dans le sens vertical la première lettre de chaque vers on trouve le mot pris pour sujet, le nom de l'auteur ou du dédicataire. »

▲ Les règles du jeu

Les élèves pourront commencer par leur prénom; il n'est pas indispensable que le passage rime.

Pour les **CP/CE1** on se contentera de phrases sans lien les unes avec les autres, mais respectant l'ordre.

Exemple (CE1):

Consigne : à partir des lettres de ton prénom écrit verticalement, compose un petit texte dont les phrases commenceront par chacune de ces lettres.

Chaque jour on prend son petit déjeuner.
À la montagne on escalade.
Ma maison est belle.
Irène est une sirène.
Le saphir est un diamant.
La montagne est belle.
Émilie habite chez moi.

Dans le pré
Elle joue au hérisson
Lentement et sagement
Pour ne pas gêner sa maman
Hérisson très gentil
Imitant bien l'éléphant
Non, on ne la voit pas
Et pourtant son prénom
est bien caché dans ce poème.

Charmante
Actrice peut-être un jour
Rigolote
Intelligente
Nom Carine
Émerveillée

Écolière
Lente
Innocente
Sympatique
Espiègle

▲ Variante

Un exercice légèrement différent consiste à créer un fragment dont une lecture verticale fera apparaître un mot-thème (forêt, montagne, mer, voilier, fleur, renard, loup, éléphant, marguerite, etc.).

L'illustration de ces mots en position verticale pourra se faire sous forme de calligrammes ou de « mots-images ».

Enfin citons les sigles qui donnent lieu à des réalisations humoristiques. Il suffit de donner la signification de certains d'entre eux puis de suggérer la fabrication d'autres traductions.

SNCF devient	*S*yndicat *N*ational des *C*lubs de *F*ootball.
	*S*ociété *N*ouvelle des *C*hemins *F*orestiers.
	*S*upporters *N*ouveaux des *C*lubs *F*rançais.
SOS devient	*S*ouvenez-vous des *O*rages *S*oudains.
	*S*avourez les *O*eufs *S*alés.
	*S*tock d'*O*gres *S*auvages.
OVNI devient	*O*ffrez *V*ite de *N*ouvelles *I*dées.
HLM devient	*H*abitez *L*oin des *M*aisons, etc.

CE2 (avec dictionnaires.)

TEXTES FENDUS

56

QUELLES COMPÉTENCES ?

Les compétences mises en œuvre

Cette série d'exercices met en œuvre des compétences toutes semblables, mais hiérarchisées selon des modalités choisies :

– Lire un texte et en comprendre toutes ses composantes (l'avant et l'après).

– Savoir anticiper.

– Familiariser l'enfant avec des tournures écrites précises. Faire en sorte qu'il prenne conscience que la langue se prête à diverses manipulations formelles.

– Écrire correctement et sans fautes.

Les règles du jeu

On distribue des textes dont une partie a été supprimée dans le sens vertical ou horizontal.

L'enseignant demande de reconstituer la partie manquante en respectant le sens général du texte et en rédigeant correctement. Le groupe le plus près du texte d'origine est le gagnant.

Si on matérialise par un trait vertical la partie occultée, les élèves sont aidés puisqu'ils peuvent deviner la longueur ou le nombre de mots manquants.

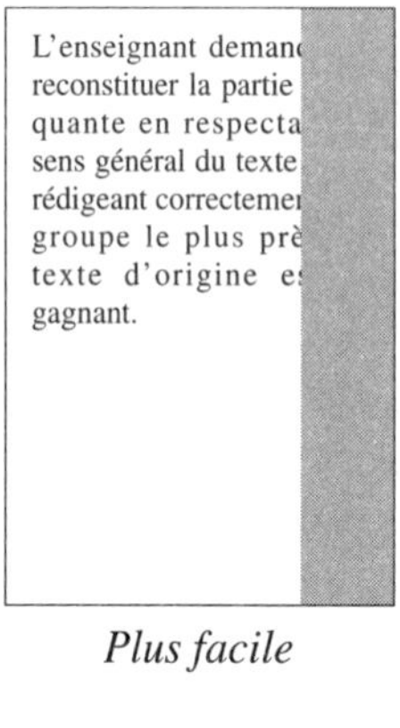

Plus facile

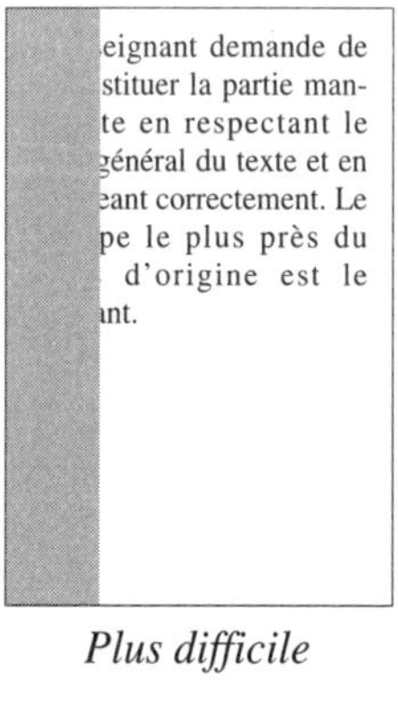

Plus difficile

TEXTES FENDUS

57

LES CACHES

Cache à droite

Au moyen d'une bande de papier découpée, on cache la partie droite d'un texte; on le distribue aux équipes après photocopie.

L'exercice est simple car il conserve la plupart des débuts de phrases et de paragraphes.

Si la bande de papier est assez étroite, l'exercice peut être pratiqué en **cycle 2**. En élargissant, et en choisissant des écrits plus longs il est possible d'obtenir toute une palette de difficultés et ainsi explorer tous les cycles jusqu'à la 6ème comprise.

Si le maître veut différencier les niveaux dans sa classe il peut distribuer le même texte mais avec des difficultés modulées.

Au cours de ces jeux on n'oubliera pas de faire lire chaque équipe et de faire raisonner, déduire en fonction de l'amont et de l'aval.

Ce moment est capital. En effet, il permet de montrer :

– qu'un texte est un tout cohérent;

– qu'on peut émettre des hypothèses, les infirmer, les confirmer par confrontations.

D'autres aménagements sont possibles afin d'aider les enfants dans leur raisonnement.

Par exemple, on peut laisser subsister le titre du document.

On peut aussi ne faire débuter la partie cachée que quelques lignes après le début, ceci permet la prise d'informations qui seront précieuses lors de l'exercice.

Cache en diagonale

Degré de difficulté supplémentaire. En effet, la bande de papier peut masquer un début de phrase. La diagonale vers la droite donne lieu à des exercices plus difficiles que vers la gauche car elle occulte le début du texte qui est porteur d'un grand nombre d'informations.

Si des groupes sont constitués dans la classe on pourra travailler sur le même texte, fendu vers la droite, fendu vers la gauche selon les niveaux.

La confrontation des résultats aboutit à prendre conscience du caractère informatif d'un écrit où le début d'un texte, le début d'un paragraphe, le début d'une phrase portent davantage d'informations que la suite.

▲ Cache au milieu

La bande de papier n'est plus en bordure du document, mais placée au milieu, plus ou moins sur un côté selon l'objectif.

Dans ce cas précis on peut également moduler les degrés de difficultés.

De plus si l'on combine largeur de bandes et emplacements on peut obtenir des exercices exactement adaptés aux groupes.

▲ Pochoir

Au lieu de cacher le texte de manière régulière, on place des silhouettes d'objets de personnages ou d'animaux (en relation avec le récit si possible), en nombre variable et à des emplacements choisis par l'enseignant en fonction des caractéristiques textuelles, grammaticales, ou de lecture.

Cet exercice permet une grande souplesse par la taille des figurines mais aussi par le choix des emplacements. En effet on peut simplement cacher des fins de mots, des fins de phrases et rendre le jeu facile, ou bien agrandir la silhouette et faire disparaître des débuts de paragraphes, des lignes entières.

▲ Caches horizontaux réguliers

Consiste à supprimer une ligne sur deux ou un morceau de ligne de temps en temps et réécrire le texte complet. Dans ce cas également on a la possibilité de moduler le niveau de difficultés.

Une poésie avec répétitions régulières de rimes ou refrains facilite les hypothèses et déductions.

▲ Variantes

On mélange l'ordre des lignes d'un écrit.

Les élèves doivent retrouver le paragraphe initial.

Même procédé avec des phrases.

Le maître a également la possibilité d'occulter des demi-lignes, toutes les deux lignes ou plus.

Avec des poésies ou des comptines les groupes seront aidés par les rimes et le rythme.

▲ Caches horizontaux irréguliers

Il s'agit de cacher des plages sélectionnées en raison d'un objectif de lecture ou d'écriture particulier. La forme de la bande de papier ainsi que sa longueur peuvent être irrégulières et s'adapter à différentes stratégies.

La consigne générale peut être : « Voici un texte; des passages ont été effacés. Essaie de le réécrire en essayant de deviner ce qui a disparu.
Attention, ton texte doit rester correct, respecter la ponctuation et l'orthographe. De plus, il ne doit pas contredire le sens général de l'histoire. »

Il est important d'insister sur la correction du style et de l'orthographe dès le départ pour donner de bonnes habitudes d'écriture.

▲ Réécriture

Après lecture des multiples solutions, chaque enfant doit recopier son texte avec les retouches qu'il juge nécessaires. Dans cette version on travaille seul, et les réalisations des coéquipiers doivent se différencier.

Chacun recopie sur un cahier d'ateliers d'écriture ou sur une feuille qui composera un album ou un panneau d'exposition.

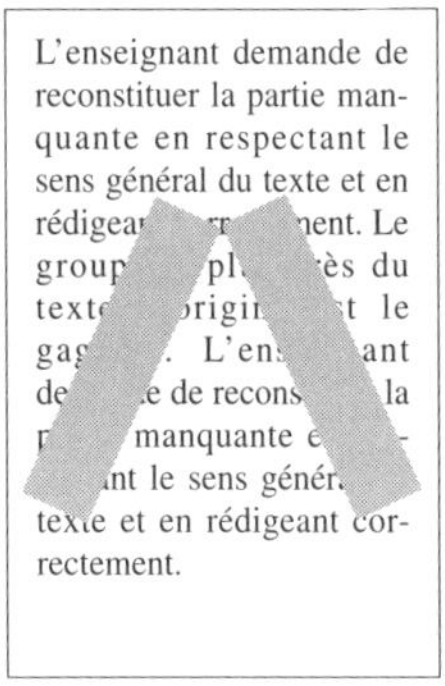

Diagonale

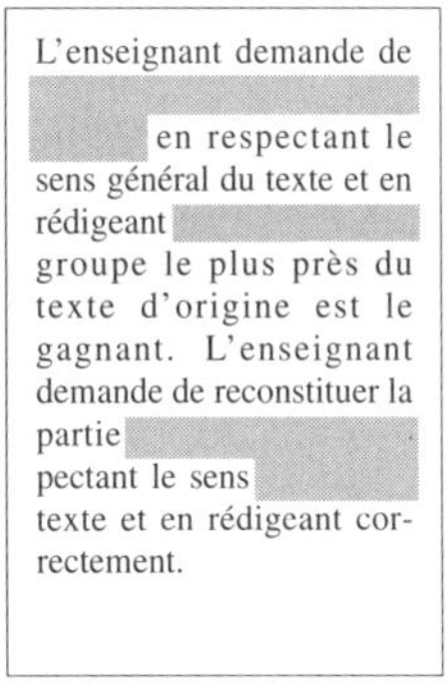

Horizontaux irréguliers

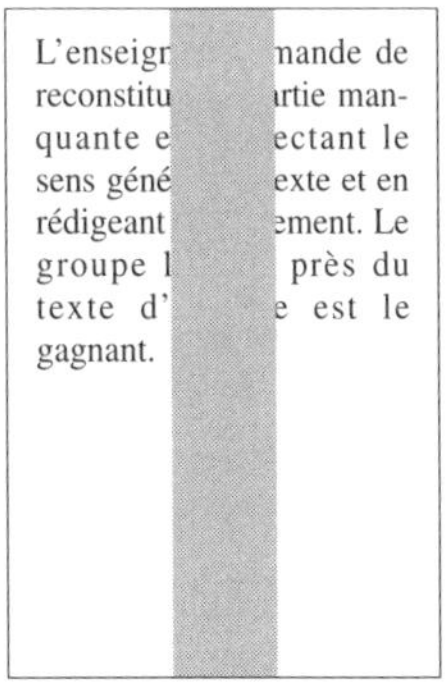

Au milieu

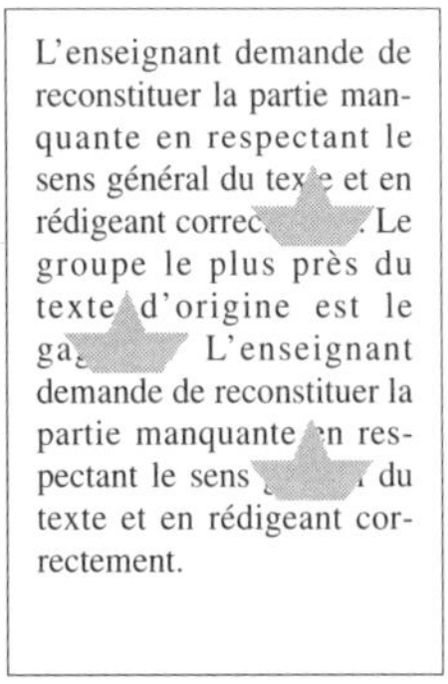

Pochoir

ESQUIVES

58

QUELLES COMPÉTENCES ?

Esquiver : « *Éviter adroitement ; s'échapper discrètement.* »

En prenant pour principe cette définition nous allons fournir aux élèves divers moyens d'éviter certaines répétitions de mots ou de tournures de phrases.

Plutôt que de signaler négativement diverses répétitions, emplois de tournures banales ou figées, l'enseignant pourra fournir, grâce à ces exercices, des moyens plus ludiques de repérage de ces formules.

Il aura aussi la possibilité de développer chez l'enfant, des compétences lui permettant de les éviter ou de jouer avec d'une façon humoristique.

ESQUIVES

59

SYNONYMES

Les règles du jeu

Un texte comportant des répétitions de substantifs ou de verbes est distribué. L'activité des groupes aura pour but d'éviter d'utiliser la tournure trop fréquente.

Mise en œuvre

On demande aux élèves de rassembler des expressions formées avec un même mot. Puis ils doivent réécrire les phrases en évitant d'utiliser le mot clé de ces tournures. Auparavant il convient de faire produire au tableau à l'aide du dictionnaire des synonymes, une série de mots équivalents. Ensuite on recompose des expressions ou locutions avec le mot clé transformé.

Avec le mot « *mer* » une classe de CM a réalisé le jeu suivant :

Avoir le mal de *mer*. Avoir le mal de l'océan.
Une bouteille à la *mer*. Une bouteille dans l'étendue bleue.
Une *mer* de sang. Une énorme flaque de sang.
Ce n'est pas la *mer* à boire. Ce n'est pas l'eau salée à boire.
Il avalerait la *mer* et les poissons. Il avalerait la vaste quantité d'eau salée et les poissons.
Une goutte d'eau dans la *mer*. Une goutte d'eau dans les flots.
Une *mer* de documents. Une grande quantité de documents.

Une variante de ce jeu consiste à partager la classe en deux sous-groupes. Tous réécrivent des textes en remplaçant, chaque fois que cela est possible, les verbes par « être » ou « avoir ». Ensuite, les écrits sont échangés et chacun doit essayer de rédiger en utilisant des termes plus précis.

À la fin, on compare les résultats obtenus.

Variante

Un texte est distribué ; l'enseignant a pris soin de souligner certains mots. Ceux-ci doivent être remplacés par d'autres ou par une périphrase de sens équivalent.

Exemple :

« Elle *portait* cet *affreux* petit sac en *taffetas* noir avec lequel les vieilles femmes *s'enveloppent* l'*occiput*, et qui dépassait son bonnet de nuit *relevé* par les mouvements du sommeil. Ce désordre *donnait* à cette *tête* l'air menaçant que les peintres *prêtent* aux sorcières. Les tempes, les oreilles et la nuque, assez peu *cachée,* laissaient voir leur *caractère* aride et sec ; leurs rides *âpres* se *recommandaient* par des tons rouges peu *agréables* à l'œil, et que faisait encore ressortir la *couleur quasi blanche* de la *camisole* nouée au cou par des cordes *vrillées.* »

Balzac, *Pierrette.*

« Elle était habillée de cet horrible petit sac en plastique noir avec lequel les vieilles femmes se couvrent la tête, et qui dépassait son bonnet de nuit dérangé par les mouvements du sommeil. Ce désordre communiquait à ce visage l'air menaçant que les peintres dessinent aux sorcières. Les tempes, les oreilles et la nuque assez peu dissimulée, laissaient voir leur aspect aride et sec ; leurs rides profondes se signalaient par des tons rouges peu gracieux à l'œil, et que faisait encore ressortir la teinte presque blanche de la chemise nouée au cou par des cordes entortillées. »

ESQUIVES

60

CLICHÉS

Cliché : « *Idée, phrase toute faite et banale que l'on répète.* »

Les règles du jeu

Pour « esquiver » ces types d'expressions on proposera d'en faire préalablement une liste. On expliquera ces expressions et l'intérêt de leur disparition.

On organise ensuite la séquence en deux temps ; d'abord on propose de composer un texte « farci » d'expressions de ce genre. Pour plus d'efficacité il est bon de fournir un thème et d'opérer sur quelques exemples au tableau. Puis les groupes échangent leurs textes et, en un second temps, doivent esquiver les lieux communs.

Mise en œuvre

Voici un exemple réalisé dans un CM2. Le thème retenu est la description physique d'un personnage.

Les lieux communs : relevé des expressions

Parler d'une voix blanche, avoir une chevelure d'or, avoir un cou de taureau, des sourcils broussailleux, des lèvres charnues, lèvres fines, des dents à la blancheur éclatante, un nez crochu, des joues creuses, la barbe naissante, les cheveux hirsutes, un teint de pêche, des yeux perçants, un corps élancé, un front dégarni, un front large, des yeux en amande, des cheveux crépus, c'est un bel athlète, visage aux traits réguliers, visage poupin, athlète complet, une personne au cœur tendre, des épaules carrées, des biceps saillants, des doigts effilés, des coudes pointus, une taille de guêpe, des genoux cagneux, des chevilles fines, être à la fleur de l'âge, un homme mûr, ...

Les lieux communs : texte à transformer par un autre groupe

« C'était un homme *à la fleur de l'âge*, à l'*allure jeune*, *au corps élancé* : *un bel athlète, fort comme un turc*. Sa *barbe naissante* couvrait à peine son *visage poupin* et faisait ressortir son *teint hâlé* et ses *dents à la blancheur éclatante*. Ses *cheveux d'or* encadraient des *joues creuses*, et ses *yeux perçants* vous *fixaient intensément*. Son *large front*, ses *lèvres fines* lui donnaient l'*air rusé du renard.* Mais loin d'être *froid comme la glace*, il avait le *cœur tendre* et les mains *percées.* »

Texte modifié :

« C'était presque un jeune homme au corps mince et musclé, robuste. Sa barbe, à peine visible, couvrait légèrement son visage arrondi et faisait ressortir sa peau de couleur brune et ses dents brillantes et blanches. Ses cheveux blonds encadraient des joues maigres et ses yeux qui brillaient vous fixaient attentivement. Son front large, ses lèvres peu épaisses lui donnaient un air intelligent et fin. Mais, loin d'être insensible, il était généreux et ne comptait pas son argent. »

ESQUIVES

61

FILIGRANE

Les règles du jeu

Pour ce jeu, on prend une phrase banale et on remplace chaque mot par une de ses évocations. On lit deux ou trois écrits modifiés et les élèves doivent trouver le mot ou la phrase cachée.

« *Celui qui est très courageux et celui qui est petit et danse.* »
Le lion et le rat.

« *Il faut restituer à l'empereur romain ce qui appartient à l'empereur romain.* »
Il faut rendre à César ce qui appartient à César.

« *Il vaut mieux avoir affaire au créateur de l'univers qu'à ceux qui ont laissé un nom dans le calendrier.* »
Il vaut mieux avoir affaire à Dieu qu'à ses saints.

La phase de création est difficile avec ce type d'exercice; voilà pourquoi nous proposons une variante.

On esquive le mot en utilisant des expressions courantes de la langue dans lesquelles ce mot entre en composition.

Il suffit de composer un texte en combinant ces expressions mais sans utiliser le mot pivot. On fait suivre cette phase de création par une lecture à haute voix de manière à permettre au reste de la classe de deviner de quoi il s'agit.

Exemple de déroulement d'une séquence

1. On sélectionne un mot qui entre en composition avec quelques expressions; on relève ces expressions. Par exemple, le mot *dent* donne :

Avoir la dent longue.
Avoir une dent contre quelqu'un.
Œil pour œil, dent pour dent.
Dents de lait.

2. On compose un texte en prenant soin d'esquiver le mot *dent.*

Il l'échangea contre un œil; comme cela c'était juste. Puis il vit qu'elle avait la couleur du lait et il l'aima jusqu'au jour où quelqu'un la lui déroba; alors il en eut une contre ce voleur. CM2

3. On lit le texte à haute voix.

4. On doit deviner le mot.

Voici d'autres textes (CM2):

« *L'avoir dans la main cela ne le gênait vraiment pas. Mais ce qui l'ennuyait c'était quand on le prenait dans le sens contraire.* » **Poil**.

« *Si on le regardait attentivement on voyait qu'il avait plusieurs tours dedans. C'est pour cela qu'un jour il fut pris la main dedans.* » **Sac**.

« *Elle l'avait prise dans un champ et l'avait vite placée sous la porte. Elle pensait ainsi pouvoir trouver celle de l'énigme.* » **Clé**.

« *On peut dire qu'il l'avait perdue ; et pourtant on lui disait toujours qu'il n'en avait pas ou bien qu'elle était dure ou en bois. Il n'y comprenait rien.* » **Tête**.

« *Pierre dormait sur les deux à la fois : pourtant elles étaient très fines surtout depuis qu'il avait pris l'habitude de les tendre.* » **Oreilles**.

« *Ça lui ressemblait car c'était clair, d'ailleurs on pouvait regarder partout, aucune anguille n'était cachée dessous.* » **Roche**.

« *Cette chose est toute blanche et peut être confiée à quelqu'un de confiance, on peut jouer en la posant sur la table.* » **Carte**.

Les devinettes peuvent consister à trouver le mot et les expressions cachés.

L'exercice peut se pratiquer en quelques minutes pour une ou deux vignettes seulement («français mental») ou plus longuement selon les objectifs visés.

▲ Variante

On donne des phrases dont on a remplacé certains substantifs par une définition qui ne convient pas mais qui existe pour ce mot dans le dictionnaire.

Exemple (CM2):

« *Une blessure de métal précieux n'est pas mortelle.* »

« *Qui plane dans les airs avec un objet arrondi, plane dans les airs avec un ruminant.* »

« *Donner une dame de cœur toute blanche.* »

« *Dérober de ses propres membres pour s'élever dans les airs.* »

« *Mettre des barres verticales dans le dispositif d'une bicyclette.* »

ESQUIVES

62

AU PIED DE LA LETTRE

Les règles du jeu

Variante du filigrane, ce jeu représente une esquive du sens figuré de certaines expressions.

On fournit une liste d'expressions de la langue et les élèves doivent inventer un texte court imité d'un article du dictionnaire expliquant l'expression par son sens propre.

Ils peuvent également composer un écrit plus long dans lequel l'expression pourra devenir objet de fiction. Tel est le récit qui suit.

Mise en œuvre

Exemple (CM1, après trois réécritures) :

Envoyer à la pêche

« Il était une fois un homme qui habitait un très petit appartement dans le faubourg d'une grande ville. Il était marié et avait deux enfants : Camille la plus grande et Victor le cadet. Camille avait douze ans et Victor huit ans.

Le père était pêcheur, mais il ne trouvait plus de travail depuis longtemps. Tous les jours il allait sur les quais pour voir si un patron pouvait le prendre ; mais chaque fois il revenait à la maison sans avoir trouvé de travail.

Victor et Camille avaient compris depuis longtemps ce qui arrivait à leur père. Ils décidèrent d'agir : mais comment ?

Un jour après l'école, alors qu'ils se promenaient le long de la plage en réfléchissant à une solution pour leur père, ils virent quelque chose qui flottait sur l'eau. Ils s'approchèrent et découvrirent une petite hirondelle qui essayait de s'agripper à un bout de bois.

Victor alla chercher un roseau et Camille qui avait les bras plus longs se pencha et réussit à sortir l'oisillon de l'eau. Ils l'essuyèrent avec un mouchoir et le portèrent sur les galets chauffés par le soleil.

C'est alors que l'oisillon se mit à parler : "Mes enfants votre geste sera récompensé ! Sans vous je serais noyé. Aussi demandez-moi ce que vous voudrez."

Camille expliqua ce qui arrivait à son père.

L'oiseau lui dit alors : “Au lieu d'attendre les bateaux des autres, qu'il répare le sien qui est sur la plage et vous verrez, votre père gagnera sa vie.” Et il disparut.

De retour chez eux, ils conseillèrent à leur père de réparer leur bateau ; ce qu'il fit. Quelques jours plus tard, il mit son bateau à l'eau et revint le soir avec une pêche miraculeuse.

L'oiseau avait bien fait de l'envoyer à la pêche. »

Avec des niveaux Maternelle, CP, CE1 on demandera une phrase et une illustration prise au pied de la lettre (*cf.* illustration ci-dessous).

TROISIÈME PARTIE

INVENTER

DÉFINITIONS FANTAISISTES

63

QUELLES COMPÉTENCES ?

▲ Intérêt pédagogique

Cette série de fiches est centrée sur des consignes qui demandent davantage d'initiative et d'autonomie que celles qui précèdent.

Le sens de la créativité est sollicité et plus de liberté est laissée à l'enfant pour écrire et composer.

▲ Compétences mises en œuvre

L'objectif de ces fiches est de familiariser l'enfant avec le dictionnaire, plus précisément avec un type de vocabulaire adapté, précis en ce qui concerne des écrits spécifiques.

L'enfant devra donc être capable de sélectionner le champ lexical qui conviendra au type de texte à produire.

Il devra également repérer les blocs linguistiques propres à ces écrits.

DÉFINITIONS FANTAISISTES

64

LA VÉRITABLE DÉFINITION

▲ Les règles du jeu

La séquence se décompose en trois moments :

• La classe scindée en plusieurs sous-groupes examine l'aspect formel de définitions dans le dictionnaire (abréviations, étymologie, définitions diverses, sens propre, sens figuré, expressions, synonymes, etc.).

• Après sélection d'un mot difficile dans le dictionnaire, l'enseignant propose aux sous-groupes ou à chaque enfant de rédiger une définition hypothétique la plus complète possible sur un morceau de papier.

• Les papiers sont relevés et placés dans un sac avec la véritable définition. Le jeu consiste à lire tous les papiers et à essayer de découvrir la bonne solution.

▲ Intérêt pédagogique

Cette pratique entraîne les élèves à rédiger des définitions, à être attentif à la lecture des propositions, à déceler ce qui paraît vraisemblable de ce qui l'est moins.

Exemple (CE2) : Mot proposé : coquemar

• n.m. C'est une mare pour les coqs (vient de coq et de mare). Mots de la même famille : poulemare (mare pour les poules), et poussinmare (mare pour les poussins).

• n.m. En ancien français signifie coquetier.

• n.m. Se dit d'un marchand de volailles qui vend des coqs.

• n.m. Nom d'une personne qui a la maladie dite « coquemare », c'est-à-dire des oreilles rouges comme la crête d'un coq.

• n.m. Vient de coque qui signifie « coquillage » et « mare » qui signifie mer. C'est un coquillage des mers chaudes.

▲ Variante

Une fois que les équipes sont entraînées à rechercher dans le dictionnaire et à rédiger par imitation, on propose de sélectionner les définitions de quelques mots connus et de les lire à la classe afin que chacun puisse deviner le ou les mots.

DÉFINITIONS FANTAISISTES

65

FAUSSES DÉFINITIONS

Les règles du jeu

Un mot est inscrit au tableau. Il faut composer une définition différente de celle qui se trouve dans le dictionnaire. Le comique et l'humour sont recommandés.

Mise en œuvre (CM1)

Mots inscrits : *cigare ; moustique.*

Cigare : n.m. Désigne un groupe de six gares.

Cigare : n.m. Gare de trains qui a été démolie.

Cigare : n.m. Cigarette qui a été sciée en deux morceaux.

Moustique : n.m. Petit insecte dont on se débarrasse avec une mousse spéciale.

Moustique : n.m. Insecte qui ressemble à une tique.

Moustique : n.m. Insecte fabriqué avec de la mousse.

Variante (CM2)

Les élèves, aidés du dictionnaire, créent eux-mêmes leurs définitions.

Volaille : n.f. Voleur d'ail.

Tableau : n. m. Table haute qui s'est transformée en tableau.

Fauteuil : n.m. Se dit de quelqu'un qui fait toujours des fautes au mot « œil ».

Bécasse : n.m. Animal au bec fragile qui se casse facilement.

Réclamer : v. trans. Chanter très fort la note « ré ».

Moutard : n.m. Petit garçon qui rentre tard le soir chez lui.

Étonner : v. trans. Se dit du tonnerre lorsqu'il se fait entendre plusieurs fois.

Clairsemé : adj. Se dit de graines qui donneront des fleurs de couleur claire.

Mitaine : n.f. Se dit de quelqu'un qui a la haine des mites.

DÉFINITIONS FANTAISISTES

66

JABBERWOCKY

Les règles du jeu

Jabberwocky est le terme utilisé par Lewis Carroll lorsqu'il parsème un paragraphe de mots qui n'existent pas.

Nous créons un terme proche pour signifier que, pour rédiger un texte, on emploie des mots dont on ne connaît pas le sens.

Une série de termes difficiles, et en principe inconnus de la classe, est distribuée ; elle contient des substantifs, des verbes, des adjectifs.

Le jeu consiste à rédiger un paragraphe sans rechercher, en un premier temps, la série de mots dans le dictionnaire.

Il faut utiliser le plus grand nombre possible de mots inconnus en respectant leur genre et pour les verbes en prenant garde au groupe, au mode et au sens.

Exemple (CM2)

Liste des mots proposés : étrésillonner (v.tr.) coquemar (n.m.) fenouillette (n.f.) griset (n.m.) guenuche (n.f.) caulicole (n.f.) épiale (adj.) chalcographie (n.f.) conglobation (n.f.) oléomètre (n.m.) pleurote (n.) rainer (v.tr.) résorcine (n.f.) setier (n.m.) tiercer (v.) abélien (adj.) apical (adj.) aporétique (adj.) atropa (n.f.) biser (v.tr.) cohober (v.tr.) déluter (v.tr.) émerillon (n.m.) freesia (n.m.) gédinnien (adj.) gélidiales (n.f.plur.) gonfalon (n.m.) gravette (n.f.) licher (v.tr.) lilial (adj.) mistoufle (n.f.) forpaiser (v.intr.).

« *Un coquemar se forpaisait avec une fenouillette le long d'un setier lilial. Il bisait ce jour-là. La conglobation était encore loin. Les deux mistoufles se cohobaient vite lorsque un gonfalon aporétique déluta brusquement. Une pleurote apicale les raina. Heureusement un oléomètre étrésillonna le gonfalon qui tierça bien vite.* »

CM2, après lectures collectives et réécritures.

Au cours de ce jeu l'enfant comprend qu'il est capable d'écrire et de construire un paragraphe sans accorder une trop grande importance au sens des mots, mais essentiellement à leur nature et leur fonction dans la phrase ; il comprend également d'une manière plus ou moins intuitive, qu'il peut imprimer à son écrit une signification globale grâce à la syntaxe et aux mots-outils.

GRÉEMENTS

67

QUELLES COMPÉTENCES ?

Dans ce chapitre ont été regroupés un grand nombre d'exercices où l'on impose des contraintes au niveau le plus élémentaire (forme du contenant selon Hjelmslev), mais qui obligent souvent à construire une micro-langue avec son vocabulaire, ses règles spécifiques, notamment un système verbal et pronominal plus ou moins embryonnaire.

Gréement est un terme de marine qui désigne l'aspect global d'un voilier sur l'eau ; le dictionnaire encyclopédique Hachette précise : « *ensemble de ce qui est nécessaire pour mettre un navire en état de naviguer. Disposition des mâts et des voiles.* »

La consigne porte sur le gréement du mot, c'est-à-dire sur l'aspect graphique, et procède par interdictions et obligations.

GRÉEMENTS

68

CONTRAINTE DU GALÉRIEN

Les règles du jeu

Ce jeu est connu sous le terme de « contrainte du prisonnier ».

Un prisonnier dans sa prison veut adresser un message à l'extérieur; mais il possède très peu de papier. Aussi pour économiser et en dire plus, décide-t-il de n'utiliser que des mots horizontaux, soit sans jambages.

Une liste des lettres possibles nous indique qu'il en existe 13 au lieu de 26. Ce sont : *a, c, e, i, m, n, o, r, s, u, v, w, x.*

Pour arriver à un résultat les enfants ne peuvent pas tâtonner longtemps. Ils comprennent qu'il leur faut adopter une méthode c'est-à-dire bâtir un mini lexique, une mini grammaire, etc. Ils sont donc confrontés aux problèmes de construction d'élaboration et de création d'une langue.

Déroulement conseillé

Après avoir laissé les groupes réfléchir quelques minutes on peut conseiller de composer un petit *dictionnaire du galérien*. On distribue les tâches : chaque équipe étant responsable d'une lettre.

Exemple d'un travail effectué en CM2:

A a à acacia accès accourir accroc accroire accru accrue accu accusé accuser acéré acérer acier aciérie acmé…

C ça caca cacao caïman caisse caisson canne caméra camérier camion camionneur camus canari canasson…

E eau économe économie écorce écossais écossaise écorner écran écraser écrémer écrevisse écrier écrin…

I ici icône immense immiscer immuniser inanimé inassouvi inca incarner incinérer incise inciser incriminer…

M ma maçon macreuse maçonnerie mai mais main maire mainmise maïs…

N na nain naine naissance nana nanan nanisme narine narrer nasal nasale nasaux nasse nausée navrer navire né…

O oasis ocarina occasion occire occurrence ocre octane octave océan océanien océanienne oie oraison orme…

R raccourci raccourcir raccroc race racisme racorni raie rai rais raisin raison ramasser ramassis rame ramer…

S sa sac sacre sacrer sacrum sain saine saison saisir samovar sana sans sarcasme sari sarrasin sas saucisson…

U un une uns unes unanimes uni unie unième unir unisson univers uranium urée urine urne usée usé user usure…

V va vaccin vacarme vain vaine vaincre vair vairon vaisseau van vanne vanner varan vareuse varice varier vase…

W wc…

X xéno xérès…

▲ Grammaire

Les élèves ont remarqué les limites du système pour ce qui est du vocabulaire mais également de la syntaxe. Les pronoms sujet sont réduits à trois : « on, nous, vous ».

La classe relève que certaines formes verbales conviennent alors que l'infinitif du verbe n'en permet pas l'utilisation; c'est ainsi que *va, vas, vais* peuvent être employés. Il en est de même pour *es, suis, sommes, es, serai, seras, sera, serons* et pour *cours, courons* mais pas *court, courez, courent.*

Certaines personnes sont éliminées : 3e personne du pluriel ou 2e du pluriel.

Grâce à ce jeu, l'enfant observe les mécanismes de la langue, explore ses contraintes, focalise son attention sur des particularités orthographiques, et surtout construit de toutes pièces une nouvelle langue. C'est pourquoi on se gardera de distribuer la liste ci-dessus, car le travail le plus formateur réside dans l'élaboration du dictionnaire, le tri des catégories et le calcul des combinaisons.

Exemple de textes courts composés en CM2 :

« Mon amie Renée,
envoie-moi une mini scie avec ma crème à raser, un miroir et un rasoir.
suis anxieux. César. »

« Anne,
amène moi une scie acérée, un sac, un saucisson.
au secours. écris-moi. Casimir. »

« Ma Césarine,
suis inanimé, anémié, ruiné, sans ressources,
viens avec un vin rosé.
aimerais savourer évasion. Mimi. »

« Monsieur,
nous moisissons ici, nous en crevons.
néanmoins nous n'avons commis aucun massacre aucune manœuvre.
au secours, nous sommes rossés, nous mourons.
Anémone, Sissi. »

GRÉEMENTS

69

CONTRAINTE DE NAVIGATION

▲ Contrainte du voilier

Il s'agit de rédiger un texte court formé uniquement de mots dont les jambages comportent une voile, c'est-à-dire un jambage dirigé vers le haut.

Il y a 7 rubriques complètes dans le dictionnaire : *b d, f, h, k, l, t*, mais s'ajoutent tous les mots ayant un jambage montant ne débutant pas par une des 7 lettres. Ceci rend l'exercice très facile; il peut être proposé à des **CE2/CM1**.

▲ Contrainte du mal de mer

On n'utilise que les mots ayant des doubles lettres.

« Cette année bissextile s'annonce belle. Elle commence excessivement ensoleillée. »

Exercice difficile; on peut atténuer la difficulté en ne comptant pas les mots-outils.

▲ Contrainte des pavois

Consiste à n'écrire qu'avec des mots accentués (y compris les points sur les *i* et les *j*, les trémas, les apostrophes...). Les majuscules sur lesquelles il n'y a pas d'accent seront acceptées.

« René était installé à l'hôtel "Brasilia" depuis huit jours. À l'aube il allait toujours flâner. Il aimait respirer l'air chargé d'iode. Il appréciait l'étendue immense. Là il était bien : frais, dispos, prêt à revivre. »

(CM2, texte réécrit en commun).

▲ Dématage

C'est une contrainte négative; on évite les jambages montants.

Si certains exercices paraissent un peu ardus, il est possible, soit de modifier la consigne (ne pas prendre en compte une ou plusieurs catégories) soit de construire des textes en commun après avoir laissé un temps de réflexion.

GRÉEMENTS

70

TRAVAUX EN MATERNELLE ET CP

Un classique

Un exercice classique est celui où l'on propose des silhouettes (encore appelées «habits»); en face sont inscrits des mots. Les enfants doivent relier ces mots aux silhouettes qui conviennent. C'est une façon d'habituer les élèves à une prise globale d'indices par l'œil, compétence indispensable si l'on veut atteindre une lecture intelligente et un confort de vitesse.

Une autre approche

L'enseignant distribue une liste de mots à la classe; un tableau accompagne l'exercice. Dans une colonne un mot long désigne la case où, par découpage et collage, les mots longs de la liste seront regroupés, dans l'autre les courts (modèles).

La maîtresse pourra faire de même avec les mots accentués et ceux qui ne le sont pas, les mots qui ont un jambage montant et ceux qui n'en ont pas, les mots qui ont un ou plusieurs jambages et ceux qui n'en ont pas du tout. Elle peut aussi faire classer des mots qui possèdent un jambage montant et ceux qui en ont un qui descend; elle a également la possibilité de fixer trois colonnes au lieu de deux et ainsi de multiplier et varier la consigne.

Nous sommes en Corse. Alors que nous
marchions dans la rue, nous apercevons une belle st[atue].
Bientôt nous la découvrirons au milieu d'un par[c].
Ces étrangers photographient beaucoup. D[ans] ce parc
se trouve la plus belle statue de la région. Et nous en
sommes fiers, car elle embellit le paysage.

École la Condamine

La petite fille fait du tennis.
Elle est sur le court n°2 de terre battue. Son
moniteur lui donne des conseils. « Marie tu
tires trop fort. » « Maman me l'a déjà dit. »
Nanie a les mêmes défauts que moi.
Orianne va s'inscrire dans le même court pour
apprendre, je vais lui donner des conseil.

Raphaël
~~Benoît~~

Paul n'est pas content il veut lui donner ses con[seils]
à lui

ABÉCÉDAIRES

71

QUELLES COMPÉTENCES ?

La lecture de l'abécédaire qui précède peut donner l'occasion de rechercher la consigne. Une fois qu'elle est découverte, on invite les équipes à composer des énoncés semblables.

Les compétences mises en œuvre portent essentiellement sur les qualités d'organisation et de prévision. Les groupes doivent rédiger un paragraphe correct ayant un sens, tout en respectant un ordre alphabétique imposé.

Des compétences d'écritures telles que la correction de l'orthographe et du style sont également requises.

ABÉCÉDAIRES

72

TEXTES

▲ Texte abécédaire

C'est l'exercice classique décrit dans l'Oulipo. Il s'agit de composer un texte en prose ou en vers dont le début de chaque phrase ou chaque vers respecte l'ordre alphabétique, en sachant toutefois que les lettres telles que *k, w, x, y, z* posent des problèmes.

▲ Texte abécédaire tronqué

On supprime l'obligation de passer par *k, w, x, z* ou toute autre lettre au choix de l'enseignant.

Un jeu peut être organisé à propos de ce chapitre ce qui le met à la portée de n'importe quel niveau (**du CP à la 6e**). En effet, il suffit de préparer sur des papiers pliés, des séries de lettres choisies par le maître (par exemple *b, c, d, e; l, m, n, o; m, n, o, p; r, s, t, u; s, t, u, v*; etc.) et, par tirage au sort, donner un texte abécédaire réduit à composer; ainsi l'enseignant a la maîtrise de la longueur et peut moduler les difficultés.

Il est possible aussi de donner une seule série à la classe; le maître inscrira la suite au tableau.

ABÉCÉDAIRES

73

LISTES

Cette série convient parfaitement à des classes de **cycle 2** et *à fortiori* de **cycle 3**.

Les règles du jeu

On choisit un thème, puis on demande aux enfants de rechercher des noms par ordre alphabétique qui puissent convenir. On établit en commun la liste en expliquant les notions difficiles. On peut ensuite demander une réécriture par calligraphie (calligraphie en situation et motivante) et illustration.

Voici à titre d'exemple les thèmes qui ont été proposés dans diverses classes.

L'ABC des métiers.
L'ABC des sports.
L'ABC des moyens de locomotion.
L'ABC des prénoms.
L'ABC des jouets (on recherche dans des catalogues et on colle les objets).
L'ABC des provisions (on découpe sur des catalogues de supermarchés).
L'ABC des noms de villes (on peut illustrer avec quelques cartes postales).
L'ABC des arbres (catalogues).
L'ABC des fleurs (catalogues).
L'ABC des habitations.
L'ABC des poissons.
L'ABC des animaux.
L'ABC de l'eau.

Mise en œuvre

1. Le maître décrit d'abord le type d'exercice.
2. Ensuite il demande à la classe de lui donner une série de noms pour chaque lettre avec des explications orales si nécessaire.
3. À la fin quelques cases restent vides (par exemple : *q, k, x, w,* etc.). L'enseignant divise sa classe en autant de groupes qu'il reste de mots à trouver. Il fournit des dictionnaires et chaque équipe doit rechercher les éléments manquants.
4. Lorsque l'alphabet est complet (si des substantifs n'ont pas suffi on note des noms propres rattachés au thème) on propose de réécrire ce travail sous forme d'album ou de panneau d'exposition, etc.

5. Chaque élève est invité à calligraphier avec des plumes et des encres de couleurs, les noms sélectionnés.
6. À la fin on retient les mots les mieux écrits, on propose d'illustrer par des dessins et des collages et l'on met en page.
7. On peut aussi se contenter de la liste recopiée soigneusement par chacun et accompagnée de définitions pour les mots difficiles.

Voici par exemple une liste abécédaire réalisée par des élèves de CM1 :

Géographie : Afrique, baie, cap, dune, Europe, faille, géographie, houle, isba, jurassique, Kenya, lac, montagne, névé, océan, pic, quaternaire, reg, triangle, source, terre, univers, ville, Washington, Xingu, Yang tseu Kiang, Zambie.

L'abécédaire est recopié avec les définitions si nécessaire.

Variante : il est loisible d'inclure la liste dans une poésie ou un texte en prose.
Par exemple, après avoir recherché des prénoms sous forme alphabétique, on distribue une poésie dans laquelle les enfants recopieront leur liste.

Voici un texte de CE2 (1):

Les enfants sont en soie, les enfants sont en laine,
Les enfants sont en sucre fin
Alphonse, Bernard,
Christian, David.

Les enfants sont en blé, les enfants sont en avoine,
D'orge, de riz ou de maïs.
Edith, François, Goran,
Hector, Iris.

Les enfants sont de feu, les enfants sont de braise,
De soleil, de ciel et d'azur.
Jules, Karen, Lucie,
Maurice, Nigel, Orson.

Les enfants sont de chair, les enfants sont de sang,
De tendresse et de patience,
D'amour, de souvenance.
Pierre, Quentin, Renaud, Stève.
Thierry, Ursule, Vanessa,
Willy, Xavier, Yohan, Zoé.

1. D'après J. Charpentreau, *Il était une fois les enfants*, Messidor/La Farandole.

ABÉCÉDAIRES

74

SUITES

Les règles du jeu

Le maître indique une suite de lettres (en plus ou moins grand nombre selon la classe) et les élèves doivent recopier avec soin une série de 2, 3, 4, 5 noms, adjectifs, pronoms, etc., classés par ordre alphabétique.

Mise en œuvre (CP)

Le maître a inscrit A, B, C, D au tableau.

Les enfants ont eu à rechercher trois mots dans un livre de lecture (1) et à les calligraphier.

Groupe 1 : *A.* alors, a, attendre.
B. Botoque, but, branche.
C. cracha, ce, crue.
D. dénicher, dans, de.

Groupe 2 (à propos des mêmes leçons):
A. avait, aras, au.
B. Botoque, but, branche.
C. chasse, cette, c'est.
D. dans, donna, demanda.

Groupe 3: *A.* attraper, avait, alla.
B. Botoque, branche.
C. ce, connaissaient, Claudette.

Groupe 4: *A.* aras, arbre, avait.
B. branche, Botoque, but.
C. cracha, chasse, ce.
D. dans, de, dents.

Groupe 5: *A.* à, attendre, arbre.
B. Botoque.
C. ce, cracha, cinq.
D. dents, descendre, de.

1. C. Lecuyer, *Botoque et Fréhir*, Hachette Écoles.

Ceci a permis une révision de lecture/écriture et a donné lieu à du graphisme en situation puisque les écrits devaient être affichés pour être lus par toute la classe.

La lecture en commun permet une révision quasi complète des termes commençant par ces quatre lettres grâce à la diversité des solutions; ce type de révision toutes les quatre ou cinq leçons amuse et motive la classe qui lit pour découvrir les mots écrits pour les autres, et relit en commun.

▲ Variante

Pour d'autres niveaux (CE1, CE2...) on proposera des thèmes et la liste devra respecter le sens (noms d'animaux, de plantes, de lieux, de personnages, etc.).

En CM1, CM2 l'exercice pourra porter sur des notions grammaticales : liste de noms communs, d'adjectifs qualificatifs, de pronoms, de déterminants, d'adverbes, de prépositions, de verbes, de conjonctions, etc. Un nombre peut être imposé mais on peut signaler que parfois il ne pourra pas être atteint dans certaines catégories.

Exemple CM1 : Cinq groupes ont à rechercher cinq mots parmi : les adjectifs qualificatifs, les verbes, les adverbes, les déterminants, les prépositions au niveau des 10 premières lettres de l'alphabet.

Adjectifs qualificatifs.

A. adroit, affreux, agressif, anxieux, attentif.

B. beau, blanc, brutal, bizarre, balafré.

C. curieux, calme, courageux, candide, crédule, etc.

Verbes.

A. arriver, appeler, apprivoiser, apparaître, etc.

Adverbes.

A. avidement, amèrement, autrement, affreusement.

J. juste, joyeusement, journellement, justement.

Déterminants.

A. aucun, au, aux, un, une.

B.

C. ce, cet, ces, cette.

D. du, des, deux, deuxième, etc.

Prépositions.

A. à, avant, après, avec.

D. depuis, devant, derrière, dans, etc.

Conjonctions.

A. avant que, après que, afin que, auquel.

B. bien que.

C. comme, car.

D. donc, dès que, du moment que, depuis que, dont.

E. et, et puis.

On peut aussi jouer sur le *genre* et demander x noms ou adjectifs au féminin, sur le *nombre* (x noms ou adjectifs au pluriel) ou sur les *personnes* (x verbes à la troisième personne du pluriel) ou encore sur les *groupes*.

Phrase abécédaire

Jeu très difficile si on le propose à la classe sans aucune modification. En effet il faut rédiger une phrase dont les mots se suivent dans l'ordre alphabétique.

Exemple : « À Bayonne chacun devait enlever forcément gabardines, havresacs, imperméables, jusqu'aux k'way. Les marins, navigateurs opiniâtres, pensaient que rester serait tentant. Utilisez votre whisky, xérophiles, yachtmen zélés ! »

Cependant en ne sanctionnant pas les mots-outils on facilite grandement l'écriture puisque seuls les noms, les adjectifs, les verbes et les adverbes obéissent à la consigne.

Dictionnaire

Cette pratique convient à tous les niveaux.

On demande à la classe de se scinder en sous-groupes. L'objectif est de fabriquer un dictionnaire sur un thème : par exemple, « le dictionnaire des mots de l'eau » (école de Contes) où les enfants rassemblent toutes les expressions et illustrations concernant l'eau.

Le dictionnaire peut également être personnel et, dans ce cas, chaque élève inscrit (ou même fait inscrire en maternelle) les mots choisis et illustre.

Moyens de locomotion en **cycle 3** pour *Le Tour du monde en 80 Jours*)

Automobile	Navire
Ballon	OVNI
Charrette	Péniche
Diligence	Quatre mâts
Éléphant	Radeau
Fourgonnette	Ski
Gondole	Train
Hélicoptère	ULM
Insubmersible	Voilier
Jeep	Wagon
Kayak	Yacht
Locomotive	Zodiac
Moto	

Affluent, tu rejoins ton but sans jamais t'arrêter
Bateau, tu vogues sur les eaux limpides et paisibles
Coquillage, tu échoues sur la plage
Delta, tu te termines en V sur les plaines
Ecrevisse, tu glisses sur les beaux rivages lisses
Fleuve, tu pleures de tes eaux fraîches et claires
Goutte, tu t'égouttes dans la gouttière

Hippocampe, tu te réjouis la nuit, car tu es enfin tranquille
Iceberg, tu fonds peu à peu laissant place à l'océan
Jeu d'eau tu nous fais faire du sport même dans l'eau
Kayak, tu vogues doucement et calmement au gré du courant
Lac, tu es une immense flaque et nous jouons dans ton bleu clair
Mer, tu as tous les bleus que l'on veut
Nuage, tu décores le ciel de ta fumée épaisse
Océan, tu es le frère de la mer ; toi aussi tu as des bleus argent
Poisson, tu te méfies au désespoir des pêcheurs
Quai, tu accueilles les bateaux les bras ouverts
Rivage, tu nages ramenant avec toi les souvenirs de là-bas
Seine, tu es le coeur de Paris
Torrent, les saumons remontent ton courant
Udométrique, tu gardes l'eau de pluie
Vague, tu viens de loin, pour venir mourir ici
Water-polo, tu nous fais jouer dans notre élément préféré
Xiphophore, tu te lasses et te prélasses dans l'eau
Yacht, tu es superbe, les vagues viennent claquer sur ta coque
Zodiac, tu es le plus rapide des bateaux.

CM2 A Ecole Ricolfi
Contes.

IMITATIONS

75

QUELLES COMPÉTENCES ?

L'exercice consiste à imiter des structures, ou un style propre à un genre ou encore propre à un écrivain.

Beaucoup d'artistes ont atteint le sommet de leur art en imitant les autres, qu'ils soient contemporains ou non.

C'est pourquoi quelques poésies figurent à la fin de ce chapitre, sélectionnées pour leur structure forte qui favorise des imitations dans tous les cycles. Toutefois on se gardera de faire imiter pour imiter mais on partira du sens pour aboutir au sens.

IMITATIONS

76

STRUCTURES STYLISTIQUES

Les règles du jeu

Avant d'imiter une structure quelconque il est bon de familiariser oralement l'enfant avec ses diverses facettes.

Pour cela on fera écouter des enregistrements de la poésie ou du passage en prose choisi ou, à défaut le maître lira lui-même et encouragera les élèves à préparer des lectures à haute voix. Il pourra également ménager un rangement où auront été sélectionnés par les enfants des comptines, des chansons, des poésies.

On n'oubliera pas non plus les chansons, les écrits sociaux, etc.

Les textes à structures fortes ou répétitives motivent l'imitation et l'écriture; nous en donnons quelques exemples.

Le modèle est distribué, le stimulus imposé

Exemple : Trois escargots de *Maurice Carême* (1).

Le thème imposé : *Trois animaux différents.*

Texte de départ :	Texte produit : CP (dicté et copié)
J'ai rencontré trois escargots	J'ai rencontré trois hirondelles
Qui s'en allaient cartable au dos	Qui s'en allaient chez la maîtresse
Et dans le pré trois limaçons	Et dans le pré trois petits cochons
Qui disaient par cœur leur leçon,	Qui disaient par cœur leur chanson
Puis, dans un champ, quatre lézards,	Puis, dans un champ quatre lapins,
Qui écrivaient un long devoir.	Qui faisaient un long dessin.
Où peut se trouver leur école ?	Où peut se trouver leur école ?
Au milieu des avoines folles ?	Au milieu des avoines folles ?
Et leur maître est-il ce corbeau	Et leur maîtresse est-elle cet oiseau
Que je vois dessiner là-haut	Que je vois dessiner là-haut
De belles lettres au tableau ?	De belles lettres au tableau ?

On remarquera le respect des sonorités.

1. M. Carême, in *La lanterne magique*, Fondation Maurice Carême.

Dans les petites classes le stimulus imposé permet de construire, comme ci-dessus, un texte collectif. Pour les autres niveaux, cela permet de comparer et de mieux emprunter aux autres lors de la réécriture.

Le modèle est distribué, le thème libre (fin CP)

La sauterelle	*L'hirondelle.*
Saute, saute, sauterelle,	Vole, vole hirondelle
Car c'est aujourd'hui jeudi.	C'est aujourd'hui mercredi
Je sauterai, nous dit-elle,	Je volerai, nous dit-elle
Du lundi au samedi.	Du lundi au samedi
Saute, saute, sauterelle,	Vole vole, hirondelle,
À travers tout le quartier.	À travers toute l'école
Sautez donc, Mademoiselle,	Volez donc, Mademoiselle,
Puisque c'est votre métier.	Puisque c'est votre métier.
Robert Desnos (1).	*Camille et Sophie (CP).*

Ce texte a d'abord été dicté à la maîtresse puis recopié par les deux fillettes qui en étaient les auteurs.

Textes en prose

Les grands auteurs ont leur style propre ; il en est de même pour les genres qui utilisent des tournures et un vocabulaire spécifiques.

Les auteurs

Avec des classes de niveau « école élémentaire » les auteurs à imiter doivent être choisis pour leur grande lisibilité.

Quelques passages des *Lettres de mon Moulin*, de *La Guerre du feu* de J. H. Rosny, des extraits de romans de Jules Verne, de Jules Renard (*Poil de carotte*), d'Hector Malot (*Sans famille*) ainsi que des contes connus, sont de bons modèles pour ces classes.

On peut aussi travailler un passage d'un auteur contemporain et pratiquer ce jeu d'imitation sur une page ou un paragraphe.

Les genres

Tenter l'approche de divers genres d'écrits semble être à la portée d'enfants plus jeunes. En effet, les équipes peuvent reproduire des articles de presse, des recettes de cuisine, des reportages sportifs, des petites annonces, des articles d'encyclopédie, des fiches de bricolage, des affiches publicitaires, des horoscopes, des légendes, des énoncés de mathématiques, et, bien sûr, des nouvelles, des fables, des poésies, des histoires amusantes, des extraits de pièces de théâtre, des biographies, des journaux intimes, etc.

1. Robert Desnos, in *Chantefables et chantefleurs*, Gründ, 1945.

Un exemple au CM2 : une biographie

Déroulement d'une séquence portant sur une biographie fictive.

1. Lecture de biographies d'hommes illustres ou d'écrivains.

Les groupes consultent des manuels de littérature, des ouvrages traitant de la vie de *héros* : Mermoz, Saint Exupéry, Marie Curie, Pasteur, Platini, Cerdan, etc.

2. Observation des caractéristiques du genre.

On invite les élèves à observer comment se présente la fiche biographique, les détails mentionnés, l'ordre chronologique adopté.

3. Recherche de faits précis qui seront les jalons du texte.

4. Réinvestissement.

Munis de ces outils, les enfants sont invités à écrire une biographie fictive. La démarche est sensiblement la même en ce qui concerne l'approche d'autres types d'écrits.

Exemple : La vie extraordinaire de Rémi Solaré

« Rémi Solaré est né le 26/5/1904 à Dolasol, petit village de Provence. C'est le fils de Mimi Solaré, célèbre fabricant de violons qui épousa une jeune pianiste : Sissi Fasol...

Dès son plus jeune âge Rémi s'intéressa à la musique. À l'âge de six ans il était déjà capable d'interpréter au violon le *Concerto* de Mendelssohn, à huit ans il jouait aussi bien de la mandoline et interprétait déjà le *Concerto pour deux mandolines* de Vivaldi.

Pourtant son père aurait préféré qu'il l'aide à fabriquer ses violons ; mais il ne le découragea pas et lorsqu'il eut 12 ans, il l'envoya étudier la musique auprès du célèbre pianiste italien Mario Musicali qui l'accueillit à Venise.

En moins d'un an Rémi sut parfaitement jouer de ce troisième instrument et il interprétait la *Sonate pour piano en fa majeur* de Mozart comme personne auparavant ne l'avait jouée. Il se lia d'amitié avec les plus grands musiciens du moment, puis à l'âge de seize ans il voyagea dans toute l'Europe. Chaque soir il donnait un concert et bientôt ce fut le plus célèbre des musiciens. À 25 ans déjà très riche et aimé de tous il épousa une jeune flûtiste française et il s'installa à Paris.

Très vite il décida d'interrompre sa brillante carrière de soliste pour diriger un orchestre. Ce fut d'abord celui de Toulouse, en 1934, puis Bruxelles en 1937 enfin l'orchestre symphonique de Monte-Carlo à partir de 1945 après la guerre lorsqu'il revint d'un camp de prisonniers.

Il resta fidèle à cette ville jusqu'à sa retraite ; c'est à l'âge de 75 ans qu'il se retira définitivement et vécut encore 5 ans entouré des siens. Il mourut à Vallauris et fut enterré près de la tombe de Picasso. »

CM2. (Écrit à l'aide de documents biographiques d'écrivains et musiciens et de pochettes de disques).

IMITATIONS

77

STRUCTURES PHONÉTIQUES

▲ L'oreille

Certaines comptines, certaines poésies marquent nettement les jeux sur les sons.

Après avoir fait écouter, dire et redire ces poésies pour l'oreille, on propose aux élèves de réécrire d'autres poèmes sur le même modèle.

Liberté

À Pan-Mun-Jon
Faut tailler des joncs.

À Buenos Aires
Faut un revolver.

À Salonique
Faut s'armer de piques.

À Berlin
Faut pas s'tromper d'train.

À Moscou
Faut tenir le coup.

À Belgrade
T'en prends pour ton grade.

À Yokohama
Faut se faire tout plat.

À Québec
Béni-béni bec.

À Madrid
On vous tient en bride.

À Pékin
Faut être pour Mâ-Chin.

À Shanghai
Contre la racaille.

À London City
On mange à la demi.

Liberté

À Bordeaux
Faut aller à l'eau.

À Toulouse
Faut une blouse.

À Mulhouse
Faut s'armer de housses.

À Grenoble
Faut une robe.

À Nice
Faut tenir la police.

À Lyon
T'en prends un million.

À Marseille
Faut dresser l'oreille.

À Caen
Tout est blanc.

À Rennes
Tiens bien les rennes.

À Cahors
Faut être dehors.

À Rodez
Contre les obèses.

À Albi
On mange à midi.

Liberté

En Espagne
Faut porter le pagne.

En Irlande
Faut voir la lande.

En Italie
Fais ton lit.

Au Portugal
N'attrape pas la gale.

En Hongrie
Tout est gris.

Au Chili
Tout est petit.

Au Paraguay
Faut être très gai.

En Russie
Tiens ta scie.

En Belgique
Ils dansent la gigue.

En Hollande
Faut être dans la lande.

En Autriche,
Contre la triche.

En Albanie
On mange à minuit.

À Jérusalem
On pleure toute la semaine.
À Calcutta
Calcule ce que t'as.
À Lisbonne
On est tous des bonnes.
À Los Angeles
Faut faire du business.
René de Obaldia (1).

À Paris
On pleure toute la vie.
À Rouen,
Calcule en francs.
À Millau
On est tous des nigauds.
À Sète,
Faut faire des recettes.
CE2

Au Canada
On pleure tout un mois.
En Algérie,
Calcule en grains de riz.
Au Maroc,
On est tous des rocs.
Au Japon
Faut faire des harpons.
CM1

Au cours de ces jeux les classes ont dû rechercher sur des atlas les noms des villes françaises (pour les CE2) et des noms de pays (pour les CM1).

En maternelle :

On fait écouter plusieurs fois un texte simple ou une comptine puis on demande aux enfants de dicter les imitations.

Voici les textes obtenus en petite et moyenne section avec *La Fourmi* de Desnos.

Un éléphant qui se déguise en singe
Ça n'existe pas, ça n'existe pas.
Un taureau qui porte un sac à dos
Ça n'existe pas, ça n'existe pas.
Un lion qui écrit,
Ça n'existe pas, ça n'existe pas.
Des animaux qui font une ronde,
Ça n'existe pas, ça n'existe pas.
Un kangourou qui porte une girafe
dans sa poche
Ça n'existe pas, ça n'existe pas.
Une fleur qui court,
Ça n'existe pas, ça n'existe pas.
Une pomme qui rigole,
Ça n'existe pas, ça n'existe pas.
Une fraise qui se jette sur un immeuble,
Ça n'existe pas, ça n'existe pas.
Eh! Pourquoi pas ?

▲ Le rythme

Il s'agit de calquer des rythmes marqués provenant de comptines, de refrains connus, de poésies ou de passages en prose bien typés.

Exemple : *Le bon roi Dagobert.*

Le bon roi Dagobert
A mis sa culotte à l'envers.
Le grand Saint-Éloi
Lui dit « Oh ! mon Roi,
Votre Majesté
Est mal culottée.
- C'est vrai lui dit le Roi,
Je vais la remettre à l'endroit. »
Folklore.

Le bon joueur Edberg

Le bon joueur Edberg
A mis sa raquette à l'envers.
Le grand Saint-Éloi
Lui dit « Retourne-toi
Votre Majesté
Est mal réveillée.
- C'est vrai lui dit cet as
Je vais la remettre à mon bras. »
CM2.

1. R. De Obaldia, « Liberté » in *Innocentines*, Grasset, 1969.

IMITATIONS

78

LEXIQUE ET SYNTAXE

▲ Structures lexicales

L'apport des textes porte essentiellement sur l'acquisition d'un vocabulaire spécifique.

Par exemple : les jours de la semaine, les animaux sauvages, le temps, les métiers, les saisons, le corps humain, la géographie, les villes, certains événements historiques, etc. On proposera ces imitations à de petites classes, même en maternelle où le travail sera oral.

▲ Structures syntaxiques

De nombreux textes comportent des particularités syntaxiques telles que des dialogues (style direct, indirect), des phrases interrogatives, négatives, à la forme passive, avec utilisation de conditions, des comparaisons, etc.

Réécrire ces textes en les modifiant permet à l'élève de s'approprier d'une manière souple et naturelle des compétences indispensables à la correction du style. Comme pour les jeux qui précèdent, on peut commencer **dès le CP ou la grande section de maternelle** oralement.

Exemple :

Les fenêtres	*Les voisins*
Qu'y a-t-il au trentième étage ?	Qu'y a-t-il au trentième étage ?
Une' petit' fill' dans les nuages.	Une copine de mon âge.
Qu'y a-t-il dix étages plus bas ?	Qu'y a-t-il dix étages plus bas ?
Un p'tit joueur d'harmonica.	Une autre petit' camarade.
Qu'y a-t-il à l'étage au-dessus ?	Qu'y a-t-il à l'étage au-dessus ?
Personne ne l'a jamais su.	Personne ne l'a jamais su.
Qu'y a-t-il en haut de la tour ?	Qu'y a-t-il en haut de la tour ?
Un monsieur qui joue du tambour.	Un canich' qui est un amour.
Qu'y a-t-il à la grande fenêtre ?	Qu'y a-t-il à la grande fenêtre ?
Un chat noir qui guette son maître.	Des oiseaux dans une volière.
Qu'y a-t-il au septième étage ?	Qu'y a-t-il au septième étage ?
Deux petits canaris en cage.	Un couple qui fait du tapage.

Qu'y a-t-il à l'étage au-dessus ?
Personne ne l'a jamais su.

Qu'y a-t-il à la fenêtre du coin ?
Une famille de martiens.
Qu'y a-t-il derrière le rideau ?
Un exilé de Bornéo.
Qu'y a-t-il à la fenêtre ouverte ?
Une dame à robe verte.
Qu'y a-t-il à l'étage au-dessus ?
Personne ne l'a jamais su.

Qu'y a-t-il au treizième étage ?
Un explorateur au chômage.
Qu'y a-t-il six étages plus haut ?
Un ouvrier de chez Renault.
Qu'y a-t-il six étages plus bas ?
Un ancien chanteur d'opéras.
Qu'y a-t-il à l'étage au-dessous ?
Je ne sais pas. Le savez-vous ?

J. Charpentreau, op. cit.

Qu'y a-t-il à l'étage au-dessus ?
Personne ne l'a jamais su.

Qu'y a-t-il à la fenêtre du coin ?
Un homme avec un babouin.
Qu'y a-t-il derrière le rideau ?
Quelqu'un qui prend des photos.
Qu'y a-t-il à la fenêtre ouverte ?
Une dame très alerte.
Qu'y a-t-il à l'étage au-dessus ?
Personne ne l'a jamais su.

Qu'y a-t-il au treizième étage ?
Un enfant qui n'est pas sage.
Qu'y a-t-il six étages plus haut ?
Papa qui joue aux dominos.
Qu'y a-t-il six étages plus bas ?
Un gros rat qui fait des dégâts.
Qu'y a-t-il à l'étage au-dessous ?
Je ne sais pas. Le savez-vous ?

CP

L'imitation réalisée par ce Cours Préparatoire d'Antibes a d'abord fait l'objet d'une étude de la poésie de Jacques Charpentreau. Ensuite, les enfants ont proposé pour chaque vers, deux ou trois phrases oralement ; le maître les a toutes écrites au tableau. Enfin ils ont opéré une sélection après avoir argumenté sur la forme et le contenu des propositions. La poésie définitive a été recopiée soigneusement par chaque élève (deux lignes chacun).

Il est possible de procéder de même pour d'autres points de syntaxe.

IMITATIONS

79

STRUCTURES GRAMMATICALES

Quelques poésies et comptines citées en fin de chapitre montrent que l'on peut travailler divers points de grammaire : conjugaison, accords en genre et nombre, pluriels irréguliers, pronoms relatifs, conjonctions, etc.

▲ Les temps et les modes

Exemple : imitations d'une poésie comportant des verbes au futur

Les feuilles pourront tomber...

Les feuilles pourront tomber,
La rivière pourra geler,
Je veux rire.

La danse pourra cesser,
Le violon pourra casser,
Je veux rire, je veux rire.

Que le mal se fasse pire !
Je veux rire, je veux rire.
J. Moréas (1)

Les fleurs pourront faner...

Les fleurs pourront faner,
La pluie pourra tomber,
Je veux rire.

Les vacances pourront s'arrêter,
Les baignades pourront cesser,
Je veux rire, je veux rire.

Que le mal se fasse pire !
Je veux rire, je veux rire.
CE2

Verbes au conditionnel

Quelle chance !

Hé oui ! j'aurais pu être
Un loir, un écureuil,
Un crabe, un bouvreuil,
Une ablette ou un hêtre.
J'aurais même pu être
Une rose, une pierre
Ou un grand pont de fer.
Mais j'ai la chance d'être
Un tout petit garçon
Qui rit à la fenêtre

Quelle chance !

Hé oui ! j'aurais pu être
Un serpent, un requin,
Un blaireau, un chien,
Une couleuvre ou un lièvre.
J'aurais pu être
Une feuille, du lierre,
Ou un beau réverbère,
Mais j'ai la chance d'être
Une petite fillette
Qui rit chez la voisine

---

1. Jean Moréas, in *Le Pélerin passionné*, Le Mercure de France, 1890.

En écoutant son père
Siffler une chanson.
M. Carême (2)

En écoutant sa cousine
Siffler la chansonnette.
CM1

On peut imiter beaucoup d'autres poésies qui utilisent d'autres temps : par exemple l'impératif avec le texte de Raymond Queneau « Pour un art poétique », le passé composé avec « J'ai appelé le terrassier » d'Huguette Admunsen, ou encore le plus-que-parfait avec « J'avais une rose » de Jean Tardieu, le conditionnel avec la poésie de Jean-Luc Moreau.

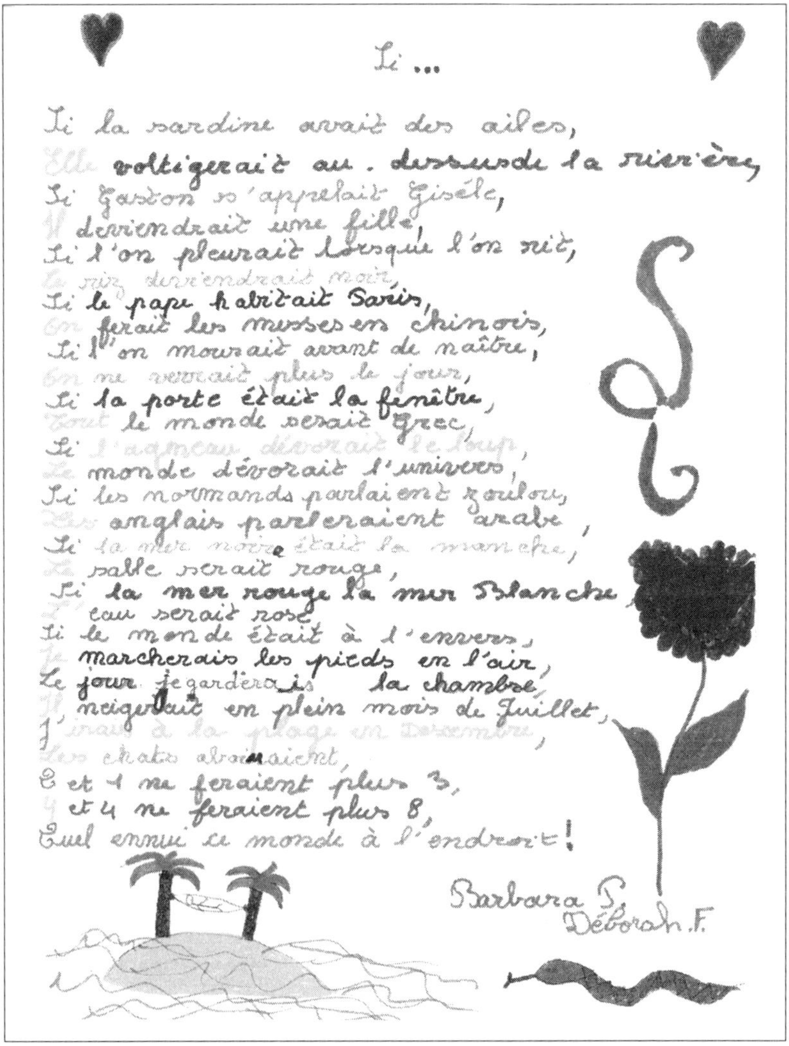
Si...

Si la sardine avait des ailes,
Elle voltigerait au-dessus de la rivière,
Si Gaston s'appelait Gisèle,
Il deviendrait une fille,
Si l'on pleurait lorsque l'on rit,
Le riz deviendrait noir,
Si le pape habitait Paris,
On ferait les messes en chinois,
Si l'on mourait avant de naître,
On ne verrait plus le jour,
Si la porte était la fenêtre,
Tout le monde serait grec,
Si l'agneau dévorait le loup,
Le monde dévorait l'univers,
Si les normands parlaient zoulou,
Les anglais parleraient arabe,
Si la mer noire était la manche,
Le sable serait rouge,
Si la mer rouge la mer Blanche
L'eau serait rose
Si le monde était à l'envers,
Je marcherais les pieds en l'air,
Le jour je garderais la chambre,
Il neigerait en plein mois de Juillet,
J'irais à la plage en Décembre,
Les chats aboieraient,
2 et 1 ne feraient plus 3,
4 et 4 ne feraient plus 8,
Quel ennui ce monde à l'endroit!

Barbara S.
Déborah F.

---

2. Maurice Carême, « Quelle chance ! » in *Pomme de Reinette*, Fondation Maurice Carême.

Les accords

Comptine sans fin	*Comptine sans fin*	*Comptine sans fin*
Approchez-vous, Je vends de tout.	Approchez-vous, Je vends de tout.	Approchez-vous, Je vends de tout.
Des choux, Des poux, Des loups.	Des hiboux, Des bijoux, Des cailloux.	Des cailloux, Des bijoux, Des genoux.
Des chats, Des bas, Des rats.	Des nids, Des habits, Des lits.	Des bals, Des chacals, Des carnavals.
Des pots, Des os, Des mots.	Des rues, Des buts, Des murs.	Des yeux, Des cieux, Des milieux.
Besoin de rien ? N'en croyez rien ! Approchez-vous, Je vends de tout.	Besoin de rien ? N'en croyez rien ! Approchez-vous, Je vends de tout.	Besoin de rien ? N'en croyez rien ! Approchez-vous, Je vends de tout.
C. Clément (1)	*CE2*	*CM1*

La classe de CE2 a eu pour consigne de trouver des pluriels par groupe de trois, différents du modèle; le CM1 a du composer avec des pluriels irréguliers par groupe de trois également.

Les poésies et les comptines sont assez nombreuses pour permettre de jouer avec toutes sortes d'accords en genre et en nombre.

Jeu avec les subordonnants

– Subordonnées commençant par « si » : *Avec des si*, de Claude Roy, par exemple.

– Subordonnées commençant par « comme » *Comme un voleur*, Jacques Charpentreau.

– Subordonnées commençant par « quand » : *Quand le printemps*, de Jacques Prévert.

Le participe passé

Le message	*Le message*
La porte que quelqu'un a ouverte La porte que quelqu'un a refermée La chaise où quelqu'un s'est assis Le chat que quelqu'un a caressé Le fruit que quelqu'un a mordu	La poupée que quelqu'un a offerte La robe que quelqu'un a achetée La brassière que quelqu'un a fabriquée La poussette que quelqu'un a poussée La marraine que quelqu'un a choisie

1. Claude Clément, « Dis des bruits », in *La ville*, Casterman, 1989.

La lettre que quelqu'un a lue
La chaise que quelqu'un a renversée
La porte que quelqu'un a ouverte
La route où quelqu'un court encore
Le bois que quelqu'un traverse
La rivière où quelqu'un se jette
L'hôpital où quelqu'un est mort.

J. Prévert (1)

La lettre que quelqu'un a reçue
La visite que quelqu'un a faite
La fenêtre que quelqu'un a ouverte
La sage femme que quelqu'un a prévenue
La chambre que quelqu'un a retenue
La voiture que quelqu'un a conduite
La clinique où une fille est née.

CM2 Villeneuve Loubet.

À propos de cet écrit (CM2) on notera que le groupe a tenu compte de la chute du texte modèle; la consigne imposait des amorces au féminin.

Des jeux plus courts sont possibles: On fournit un recueil de fables aux groupes. La consigne est la suivante : « vous allez rédiger X phrases commençant par *si + avait été* et portant sur un animal ou un personnage du recueil. »

Si le renard avait été moins rusé il n'aurait pas pu manger le fromage.

Si le loup n'avait pas eu faim, il n'aurait pas mangé l'agneau.

Si le chien n'avait pas été aussi gras, le loup ne se serait pas arrêté.

Si le lièvre n'avait pas été aussi sûr de lui, il aurait gagné.

L'exercice doit être préparé oralement.

▲ Cardinaux

Au CP ou même en maternelle, on peut se servir de poésies ou de comptines telles que : « *À la une* » ou encore « *Un, deux, trois.* » proposés ci-après.

1. Jacques Prévert, in *Paroles*, Gallimard, 1948.

IMITATIONS

80

QUELQUES POÈMES

Nous donnons ici quelques textes qui paraissent pouvoir se prêter à d'excellents travaux d'imitations.

Comptine

Maman,
Je voudrais être en argent.
Mon fils
Tu auras bien froid.
Maman,
Je voudrais être de l'eau.
Mon fils,
Tu n'auras pas bien chaud.
Maman, brode-moi sur ton oreiller.
Oui, mon fils,
Sans tarder !

Federico Garcia Lorca (1)

La fourmi

Une fourmi de dix-huit mètres
Avec un chapeau sur la tête,
Ça n'existe pas, ça n'existe pas.
Une fourmi traînant un char
Plein de pingouins et de canards,
Ça n'existe pas, ça n'existe pas.
Une fourmi parlant français.
Parlant latin et javanais,
Ça n'existe pas, ça n'existe pas.
Et pourquoi pas ?

Robert Desnos (2)

---

1. Traduction A. Belamich, in *Poésies 1921-1927*.
2. Robert Desnos, in *Chantefables et chantefleurs*, Gründ, 1945.

Pour un art poétique

Prenez un mot prenez-en deux
Faites cuire comme des œufs
Prenez un petit bout de sens
Puis un grand morceau d'innocence
Faites chauffer à petit feu
Au petit feu de la technique
Versez la sauce énigmatique
Saupoudrez de quelques étoiles
Poivrez et puis mettez les voiles
Où voulez-vous donc en venir ?
À écrire vraiment, à écrire ???

Raymond Queneau (1)

Chanson du rémouleur

Donnez-moi je vous prie
Vos ciseaux
Vos couteaux
Vos sabots
Vos bateaux
Donnez-moi tout, je vous prie
Je rémoule et je scie.

Donnez-moi je vous prie
Vos cisailles
Vos tenailles
Vos ferrailles
Vos canailles

Donnez-moi tout, je vous prie
Vos fusils
Vos habits
Vos tapis
Vos ennuis
Je rémoule et je fuis.

Philippe Soupault (2)

Un, deux, trois

Un, deux, trois,
Il faut se tenir droit.
Quatre, cinq, six,
Pour faire son exercice.
Sept, huit, neuf,
Il faut aller au Pont Neuf.
Dix, onze, douze,
Prétendent les Andalouses.

Folklore

1. « Pour un art poétique » in *Le chien à la mandoline*, Gallimard.
2. In *Poèmes et poésie*, Grasset.

À la une

À la une,
Je surprends la lune.
À la deux,
Je la coupe en deux.
À la trois,
Je la donne aux oies.
À la quatre,
On veut me combattre.
À la cinq,
Je rencontre un prince.
À la six,
J'aime une écrevisse.
À la sept,
J'attrape une comète.
À la huit,
On me déshérite.
À la neuf,
Mes souliers sont neufs.
À la dix,
J'ai du bénéfice.

Folklore

Jeux d'eau

Allô ! allô ! répondez vite,
Aujourd'hui, je suis à « cours d'eau »,
Allô ! Neptune, Amphitrite,
Maîtres nageurs de mon cerveau.

Soudain c'est la marée qui monte
Je suis submergée de bons mots,
Qui me donnent du vague à lame,
Moïse, sauve-moi des eaux !

Que d'eau, que d'eau ! c'est un déluge !
Je me noie dans un verre d'eau,
Le naufrage de la Méduse !
Mes rêves sont tombés à l'eau.

Jeanne Martin (inédit)

DÉPAYSEMENTS

81

QUELLES COMPÉTENCES ?

Dans ce chapitre certaines idées d'exercice sont empruntées à C. Lecuyer (1).

Le mot *dépaysement* a été choisi pour déclencher chez les scripteurs un élan, une motivation à l'écriture avec accumulation de termes choisis en fonction de compétences de stylistique, de grammaire, d'orthographe à faire acquérir.

Les compétences travaillées au niveau de ces fiches sont très variées.

– Compétences grammaticales au niveau d'ensembles ou de fonctions.

– Compétences orthographiques essentiellement en ce qui concerne l'usage.

– Compétences lexicologiques (racines, suffixes, préfixes).

1. *Cf. Lire pour écrire, écrire pour lire* et *Botoque*, Hachette.

DÉPAYSEMENTS

82

DES LETTRES ET DES SONS

Au pays des lettres

Il s'agit d'écrire un texte en utilisant le plus grand nombre possible de mots comportant la lettre désignée. La consigne, si elle est présentée de façon originale, porte en elle une partie de la solution.

Par exemple elle peut être libellée de la manière suivante :

Au pays du **a** gare à la casse.
Dans le village des **2l** tout vole.
Au pays des **t**, tous attendent.
Dans la ville des **g**, les géants en guenilles agissent gaiement.
Dans la province des **p**, les poupées apprennent à parler.
Dans ce quartier, les **n** s'ennuient.
Où trouver les **o** dans tout ce méli-mélo ?
Dans le coin des **c,** les copains sont acrobates.
Dans la famille des **2c** il y a beaucoup d'accidents.
Dans la région du **z**, les zébus et les zèbres vivent tranquilles.
Dans leur hutte les **h** sont heureux.
Au royaume des **d**, les **dd** gouvernent.
Au royaume des **g** et des **gg**... des **m** et des **mm**.
Les jeunes **j** jouent au judo.

Les groupes recherchent dans les dictionnaires un grand nombre de mots répondant à la consigne ; ils composent ensuite un texte qu'ils lisent devant toute la classe. Ce texte doit comporter un nombre assez élevé de mots-prétextes. Le maître peut, par la suite, exploiter ces corpus pour préciser une règle d'orthographe d'usage. Ici, comme pour les jeux de grammaire, l'approche est intuitive et naturelle et se réalise grâce à un exercice global d'écriture.

Ainsi, les chances de réinvestissement nous semblent réelles.

Les sons

On procède de même mais on joue sur les sons et non plus sur les lettres ; par conséquent, après avoir entraîné l'œil, on entraîne l'oreille.

Les consignes sont du même ordre mais s'expriment soit en phonétique, soit par un signe d'audition:

Au pays des [**o**] les motos, les chevaux, et les mots se font entendre.

Dans la ville du [**k**] vivent ensemble des képis, des crayons, des quinquagénaires.

Dans l'orchestre, les [**s**] se font siffler ça et là, assurément.

Au royaume des [**f**] le pharmacien vit dans une ferme.

Tous les sons du français peuvent être travaillés ainsi.

DÉPAYSEMENTS

83

ACCORDS ET CONJUGAISON

▲ Les accords et les transformations

On propose une consigne qui puisse conduire le scripteur à accorder obligatoirement certains segments de la phrase.

Exemple :

«*Quelle singulière maison que la maison du singulier!*»
Tout le texte doit être écrit au singulier à tous les niveaux grammaticaux.

«*Au pays des filles tout est féminin.*»
Là aussi l'ensemble de l'écrit est au féminin.

«*Au pays des jumeaux, tout va par deux.*»
On peut inciter les groupes à aller plus loin pour cette consigne : personnages par couples, objets, mais aussi au niveau du style : deux adjectifs, deux substantifs, deux verbes, des double lettres, etc.

«*Sur le territoire des têtus tout le monde dit non.*»

«*Dans la province des curieux tous posent des questions.*»

▲ Conjugaison

Des consignes analogues permettent d'induire l'utilisation massive de temps particuliers.

Par exemple :

«*Dans le village du passé on ne raconte que des histoires du temps passé.*»

«*Futuriste : le territoire où tout est au futur.*»

«*Le pays où les pronoms ont disparu.*»

«*Le portrait au présent est toujours sous mes yeux.*»

«*Le portrait imparfait est rempli de défauts.*»

DÉPAYSEMENTS

84

NATURE ET RACINES

▲ Nature

Il s'agit par exemple d'organiser des écrits centrés sur la nature grammaticale de certains mots.

La contrée où les adjectifs qualifient.
La province où tout est relatif.
La famille où les adverbes se multiplient.
La vie déterminée des déterminants.
Le quartier surpeuplé des noms propres.
Le département des subordonnées.
Les possessions des possessifs.

▲ Les déracinés

Les consignes indiquées ci-dessous n'ont plus comme objectif principal un travail grammatical global. Il faut y voir plutôt une sollicitation de l'imagination et des aptitudes à la créativité. Claudette Lecuyer (1) cite de nombreuses possibilités selon les types d'écrits voulus par l'enseignant. Nous la citons avec quelques exemples ajoutés à ses suggestions.

« Dans la ville des fleurs tout est fleurs. »
Les groupes doivent rechercher des noms de fleurs et inventer un texte qui justifie le titre.

« Au pays du sport tout est sport. »
Il s'agit ici d'un pays ou, par exemple la sélection est faite par les performances physiques.

« Au pays du bleu tout est bleu... Au pays du rouge tout est rouge... Au pays du jaune tout est jaune... »

Toutes sortes de couleurs viennent apporter au texte une harmonie. Il faut aussi aider les élèves à trouver des objets de la couleur choisie. Ainsi pour le bleu : mer, ciel, turquoise... On fournira aussi des substantifs permettant de nuancer : bleu outremer, bleu de Prusse, bleu pâle.

---

1. *Cf. Botoque*, Hachette.

LETTRE ET ESPACE

85

QUELLES COMPÉTENCES ?

À tous les moments de l'acte d'écriture, que ce soit comme consigne de départ ou comme contrainte de réécriture, l'enfant doit avoir à l'esprit la mise en forme visuelle de son texte sur la page. Cela fait à la fois partie de la lisibilité mais aussi de l'art de composer, d'utiliser la surface ainsi que l'outil.

De plus, établir une relation entre l'écrit et la forme c'est déjà signifier un objectif, une perspective qui éclaire le référent, mais indique également de la part du scripteur le souci de se représenter un lecteur potentiel et donc de prendre en compte « pédagogiquement » sa lecture et ses difficultés possibles.

LETTRE ET ESPACE

86

LES CALLIGRAMMES

Le calligramme date de Guillaume Apollinaire qui le premier nomme ainsi l'un de ses recueils poétiques.

« *Poème dont la typographie forme un dessin* » (Dictionnaire Hachette). On peut donc faire du calligramme une consigne d'atelier d'écriture.

▲ Le texte à imager

Les règles du jeu

On distribue un texte. Les groupes doivent le recopier sous forme de calligramme.

Le texte doit être court et concret.

Les élèves peuvent aussi choisir eux-mêmes leur texte et composer un calligramme.

Pour les niveaux de **cycle 2** et même pour la maternelle on choisira des écrits plus courts. Jules Renard fournit bon nombre d'esquisses d'animaux en deux ou trois phrases que les jeunes élèves aiment bien réécrire.

«*Âne* : lapin devenu grand.

Bélier : le bélier, la corne rabattue sur l'oreille.

Chameau : le chameau s'agenouille sur son cou.

Chat : l'ombre d'un chat a l'air d'un tigre.

Le chat assis, la queue ramenée en crochet sous ses pattes.

La chat tâte l'univers avec sa patte.

Chauve-souris : la chauve-souris vole avec son parapluie.

Chenille : les chenilles surprises, se recroquevillent en toutes sortes de lettres.

Chien : on dirait une descente de lit empaillée.

Cigogne : même à terre la cigogne semble perchée. (1)»

1. Extraits de *Tout l'esprit de Jules Renard* de Jean Delacour, Éd. Jacques Grancher, 1986.

Déroulement d'une séquence

L'enseignant montre des calligrammes, les fait commenter. Ensuite il distribue un polycopié où figurent les écrits précédents.

Il demande à chaque petit groupe de deux élèves de choisir un, deux, ou trois extraits (selon le niveau) puis de les réécrire soigneusement sous forme de calligramme.

Tous ces jeux doivent inciter à la calligraphie (dans calligramme il y a la racine *graphein* qui signifie « écrire »). C'est pourquoi on insistera sur le soin à apporter à l'écriture d'autant qu'il s'agit d'un excellent exercice de graphisme motivé, global et en situation. En effet, il faut soigner l'écriture puisqu'un texte-image est un produit qui sollicite doublement l'œil. Notons qu'un prolongement évident à ces jeux est de faire inventer des calligrammes personnels par les équipes.

Observons ci-après un montage des différents calligrammes effectués dans des classes du CP au CM2.

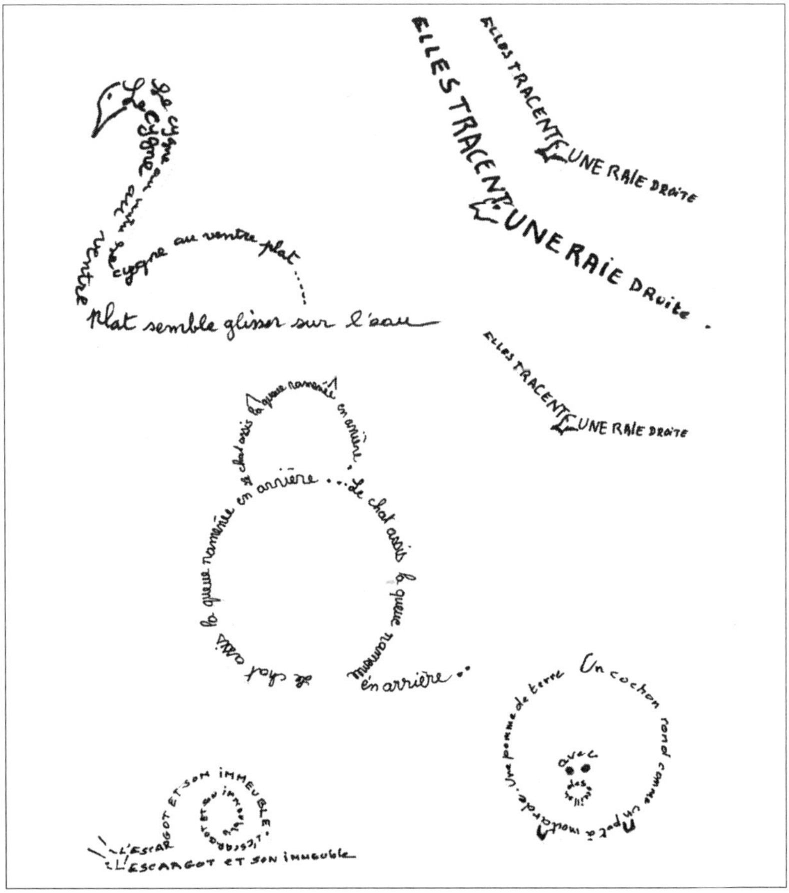

▲ Mots répétés

Une liste comparable à la précédente est fournie à la classe. Les groupes doivent composer un calligramme en répétant autant de fois qu'ils le veulent le ou les mots choisis. Le maître insistera sur le soin à apporter à la calligraphie et à la mise en page ; en effet celle-ci est un signe : signe de réflexion, signe que l'on a adapté des contraintes à un support. Il est donc important que les mots ne soient pas tracés au hasard.

On notera l'intérêt de cet exercice en ce qui concerne l'orthographe d'usage puisque l'enfant est conduit à écrire plusieurs fois le même mot mais dans une perspective artistique, non gratuite. Ce jeu permet également de travailler le vocabulaire : précision des noms (*bateau* ou *poisson* ci-dessous), synonymics (*chute, cascade...*)

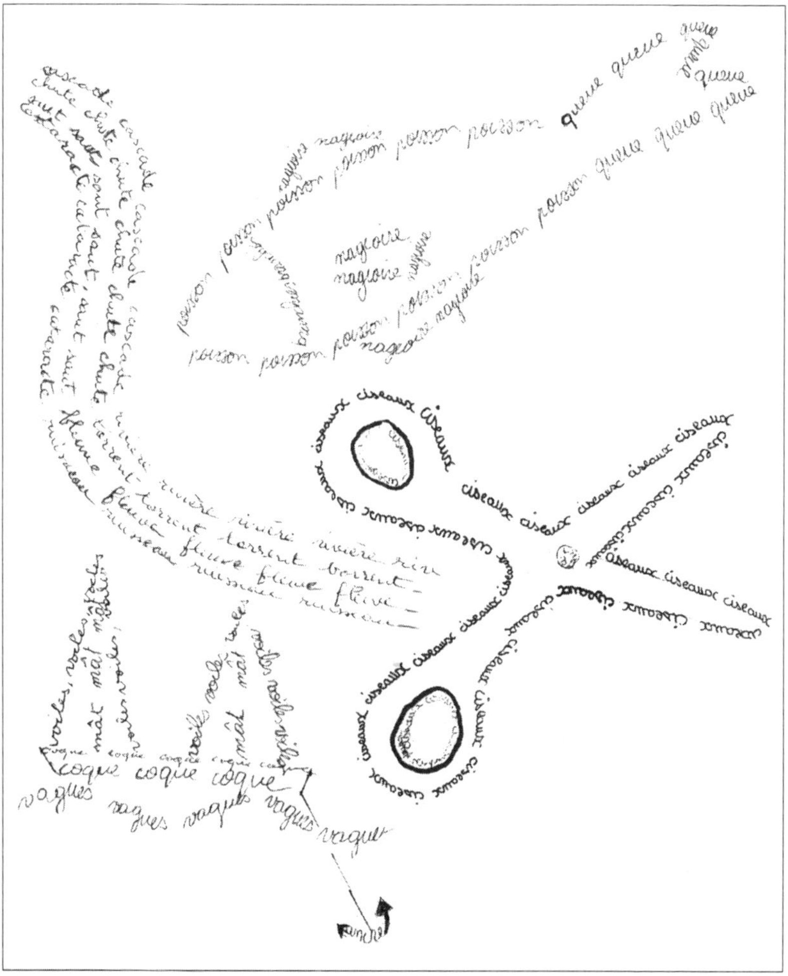

Évocations lexicales

Dans ce cas le calligramme est composé d'évocations lexicales que le stimulus a pu provoquer chez les enfants.

Cet exercice allie les compétences signalées ci-dessus (soin, calligraphie, calcul de mise en page) et des compétences de vocabulaire.

Les évocations peuvent être libres (escargot évoque « lenteur », « baver », « cargo », etc.) ou peuvent être guidées. Il suffira alors de signaler la catégorie souhaitée : adjectifs, verbes, adverbes, noms communs.

Les illustrations qui suivent proviennent d'une classe de CM1.

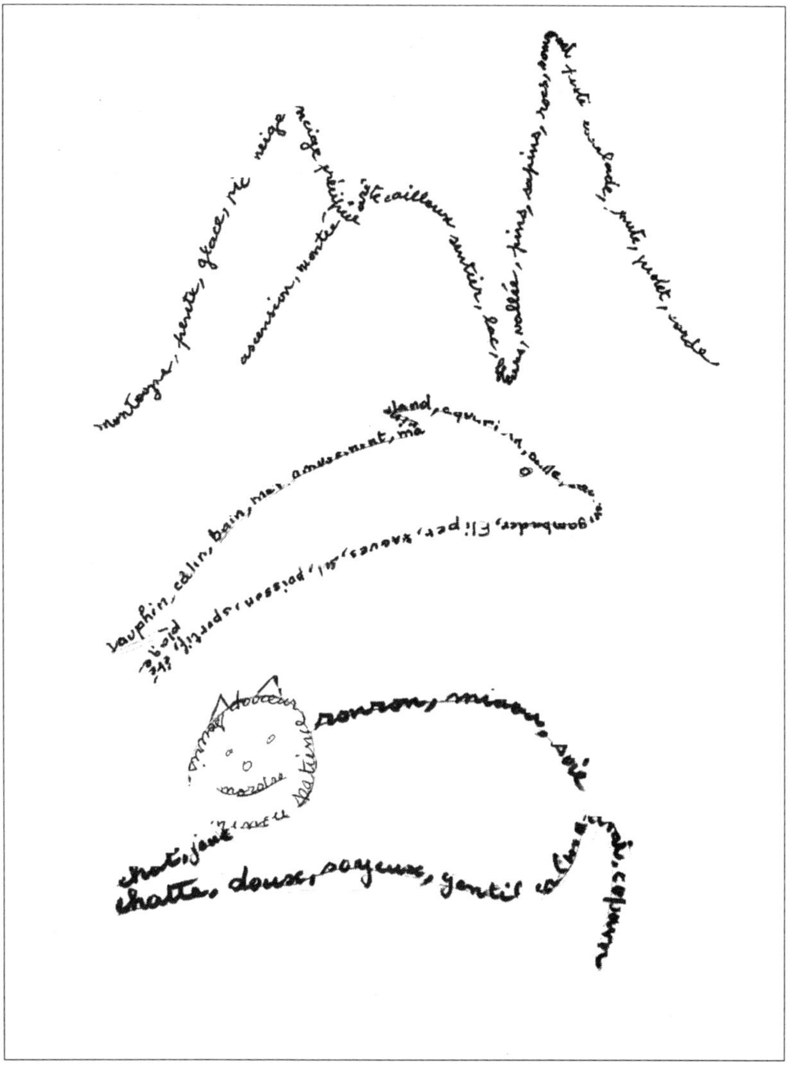

LETTRE ET ESPACE

87

LE TEXTE-IMAGE

▲ La surface de l'écrit

Il ne s'agit pas tout à fait de calligrammes mais de textes agencés pour figurer un référent. Le plus ancien est sans doute celui de Rabelais dans le *Cinquième Livre* où le texte concernant « La dive bouteille » prend la forme d'un flacon.

Alors que pour les calligrammes le contour de l'objet était manifesté par un texte, ici c'est la surface occupée par l'écrit qui prend l'allure de l'objet.

Les élèves ont sans doute davantage de liberté que pour les jeux précédents puisqu'ils peuvent agencer tout un paysage avec diverses surfaces occupées par leur écrit.

▲ Variante : mots à imager

Une série de mots est fournie aux groupes. Le jeu d'écrit consiste à rendre sous forme de calligramme la relation signifié-référent.

On peut également inciter la classe à découvrir dans la forme même du signifiant une expression du référent. Dans ce cas, par exemple, le mot « clé » prend l'allure d'une clé grâce à la déformation d'une de ses lettres.

Mots inducteurs :

clé marteau guitare faucille âne chat chien cochon vache poule coq cygne loup serpent escargot hirondelle tortue poisson lapin girafe éléphant... ballon fleur feuille forêt trompette champignon arbre étoile lune soleil bouteille ruisseau cœur maison larme éclair stylo eau vagues albatros tulipe saule pleureur voiture bicyclette raquette gant pinceau crayon oiseau gomme…

Montage de calligrammes niveau CE2/CM2/6ème

▲ Lettres à imager

Les groupes ont à illustrer des lettres au moyen d'images c'est-à-dire en leur conférant par métaphore, une forme motivée proche d'un objet ou d'un quelconque référent.

C'est un jeu qui convient bien au **cycle 2**, et plus précisément au CP/CE1. En outre la calligraphie et le soin apportés à la réalisation ne peut qu'être bénéfique pour ce qui concerne l'apprentissage de la lecture-écriture.

Travaux effectués en CP et en CE1 (avec modèles).

LETTRE ET ESPACE

88

UN OUTIL DE RÉÉCRITURE

L'utilisation des calligrammes ou des textes-images comme dernière contrainte de réécriture est tout à fait souhaitable à tous les niveaux de l'école élémentaire.

En effet, cette consigne permet d'atteindre deux objectifs essentiels.

D'abord **une réécriture intelligente**, c'est-à-dire non gratuite (et par conséquent ne véhiculant pas de sous-entendus tels que : « réécris parce qu'il le faut ») comportant d'emblée une perspective : l'amélioration spatiale et formelle d'un écrit qui sera donné à voir : affiché par exemple.

Ensuite, second objectif, la possibilité de montrer par d'autres moyens que la linguistique - moyens fournis par la sémiologie de l'image entre autres - que l'**on a compris la consigne** et que l'on est capable d'accéder à l'esthétique de l'objet (mise en page, outils, couleurs, graphisme, supports, etc.), celle-ci étant susceptible, dans certains cas, de réagir par feed-back sur l'esthétique littéraire. Ainsi, il n'est pas rare de voir des élèves – surtout en **CM1/CM2 ou 6ème** – reprendre alors une phrase, un paragraphe d'un écrit en phase finale afin d'en améliorer la forme et le contenu avant de rendre leur version définitive.

QUATRIÈME PARTIE

COMPOSER, CRÉER

TEXTES LACUNAIRES

89

QUELLES COMPÉTENCES ?

▲ Plus de maîtrise

Cette section rassemble des jeux où l'enfant doit être capable d'inventer, de créer, de composer. Son autonomie devant l'écrit est plus grande, en revanche les aides à la « rédaction » sont plus discrètes.

Le scripteur doit donc maîtriser davantage de paramètres et, par exemple, être en mesure de planifier, de rédiger correctement, de s'adapter à un support, de réécrire d'une manière active. Toutefois, même à ce niveau de composition et de rédaction, les consignes d'ateliers d'écritures le rassurent en lui proposant des pistes, en lui offrant des modèles écrits ou en images, en lui indiquant une trame, etc. De plus l'écriture à plusieurs est ici, plus qu'ailleurs, un facteur rassurant grâce aux suggestions réciproques, aux échanges, à l'entraide, enfin à la relation duelle qui profite à chacun des membres du groupe et le rend nettement plus efficace.

▲ Moins de vide

Le principe de ces jeux est de combler des vides entre les diverses étapes d'un écrit. Les équipes (deux élèves) doivent lire et comprendre l'écrit proposé, inventer les plages faisant défaut, essayer également de ne pas rompre la continuité de forme et de contenu du modèle.

Ces fiches entraînent plus spécifiquement les groupes à travailler la globalité des écrits, l'interdisciplinarité, la transdisciplinarité. Ainsi, les moyens fournis antérieurement vont servir à des fins portant davantage sur des écrits en situation et sur l'analyse des conditions de l'énonciation.

TEXTES LACUNAIRES

90

COMMENT JOUER

▲ Texte à terminer

On photocopie un texte narratif de préférence en occultant la fin du récit. La classe doit inventer la suite.

On peut varier la consigne à l'infini en imposant certaines contraintes. Par exemple terminer en un nombre limité de lignes, ou encore en imposant un genre (terminer par une lettre écrite par le héros, ou par son journal intime retrouvé, ou par un article de journal, etc.), enfin en fixant la coloration (fin optimiste, fin pessimiste).

Il est, bien entendu, possible d'ajouter à cette contrainte une autre consigne des chapitres précédents.

Exemple : finir le texte en utilisant des phrases croissantes ou en écrivant avec des verbes abécédaires (1er verbe commençant par *a*, 2e commençant par *b*, etc.).

▲ Texte à débuter

Les groupes sont en possession d'une fin de récit ; ils doivent en induire le début.

▲ Texte à raccommoder

Il manque un passage au milieu du récit. Le jeu consiste à réécrire ce qui fait défaut.

Exercice très intéressant au plan de la liaison « Lecture-Écriture » car les enfants doivent lire les deux parties de la fiction, en comprendre le sens avant de commencer à rédiger. De plus, les transitions avec le début et la fin sont délicates et, de ce fait, mettent en relief la finesse des solutions trouvées.

Variante : on peut occulter deux ou trois larges passages d'un écrit. Les mêmes compétences sont mises en jeu mais à des moments répétés.

▲ Phrase initiale, phrase finale

C'est le texte lacunaire extrême puisque l'on ne fournit ici qu'une phrase de départ et/ou une phrase d'arrivée ; l'enfant rédacteur a davantage de liberté mais aussi moins d'aide.

Phrase initiale

Les phrases fournies doivent être originales et éveiller la curiosité. Pour parvenir à ce résultat on ne se limitera pas forcément à une seule phrase, on pourra donner un choix.

Le meilleur moyen pour composer ces amorces est de les prélever quasi au hasard dans des récits divers.

- « *C'est bon pour des avocats de vendre des mots, répondit Pantagruel, je vous vendrai plutôt le silence et très cher !* » (Rabelais, *Pantagruel*).
- « *Quand je suis entré dans la maison, maman m'a regardé et elle s'est mise à pousser des cris.* » (Sempé et Goscinny, *Les récrés du petit Nicolas*, Denoël, 1994).
- « *Les violents orages et les trombes d'eau qui se sont abattues sur notre région ont provoqué d'importants dégâts.* » (lu dans la presse).

Certaines amorces peuvent être créées (exemples imaginés par des stagiaires IUFM de Nice).

« Il y a déjà trois jours que j'ai fait naufrage. Mais ce qui m'inquiète c'est que l'île où je suis ne figure sur aucune de mes cartes...»

« Aujourd'hui Laurent est en avance ; il s'est levé tôt et peut s'admirer devant la glace. Mais soudain, stupéfaction ! son visage vient de lui faire la grimace...»

« Quel beau temps ce matin ! Je vais aller me promener» dit Anaïs. Et la voilà partie. Mais que se passe-t-il ? « C'est inouï, mon ombre ne fait pas les mêmes gestes que moi.»

Phrase finale

Ce jeu est moins pratiqué que le précédent, pourtant il est plus motivant, incite davantage à l'expression et à la création.

Pour créer des situations finales les mêmes procédés que ci-dessus peuvent être utilisés.

Ajoutons seulement quelques finales que les enfants apprécient.

Depuis ce temps-là son ombre accepta de faire comme elle.

« Ah ! si j'étais restée à la maison ! soupira Sophie, je n'aurais pas eu toutes ces drôles d'aventures. »

La lune se remit encore à émettre des messages.

Phrase initiale et phrase finale

Le maître fixe le début et la fin de l'écrit par deux phrases, l'une qui inaugure le paragraphe, l'autre qui le clôt. Pour composer ce jeu il suffit de prélever les phrases dans les exemples qui précèdent.

Proverbes

R. Escarpit a écrit un livre intitulé *Les Contes de la Saint Glin Glin* (Magnard, 1973). Cet ouvrage est composé de quinze contes centrés sur de pseudo-explications de proverbes ou d'expressions. La fin du récit aboutit toujours à la citation prétexte : «*Vous y serez toujours reçu à la bonne franquette*» ou «*...Mais on s'y fit et quand un faisan, un lièvre ou un perdreau échappait prestement à la mitraille, on disait en riant qu'il prenait la poudre d'escampette*» ou encore «*Je ne l'ai jamais revu et, pour autant que je sache, il court toujours la prétrentaine.* »

On explique le procédé à la classe, on fait lire un ou deux contes, puis les couples scripteurs doivent sélectionner un proverbe ou une expression, inventer une fiction et aboutir enfin à une explication plus ou moins fantaisiste de la phrase retenue.

Une classe de 6e du Collège Port-Lympia a ainsi composé un ouvrage intitulé *Les contes des têtes en l'air* où ils ont repris le procédé avec d'autres proverbes :

« *Avoir la puce à l'oreille* », «*Plaie d'argent n'est pas mortelle* », « *Pleurer comme une madeleine* », « *Sage comme une image* », «*Tirer les vers du nez*», etc.

L'ÉCRITURE EFFERVESCENTE

91

QUELLES COMPÉTENCES ?

Très fréquente, cette pratique convient, avec certains aménagements, à toutes les classes, **du CP à la 6ᵉ**.

▲ Les règles du jeu

On propose un *stimulus* sous forme d'un mot, ou de deux trois mots et même d'une phrase (proverbe, aphorisme, etc.). Le groupe doit ensuite dicter une série de mots évoqués selon le signifiant (ou encore « le pôle matériel ») puis une autre série de mots évoqués selon le signifié (sens ou « pôle idéel »).

La contrainte d'écriture consiste ensuite à rédiger un texte dont 1/3 des mots sera prélevé statistiquement dans ces deux listes inscrites au tableau.

Les mots proposés ne peuvent pas être utilisés deux fois, en revanche on peut faire varier le nombre et le genre quand cela est possible et également transformer certains mots en verbes (nage = nager). Il va sans dire que l'ordre dans lequel sont choisis les mots est tout à fait libre.

▲ Intérêt pédagogique et rôle de l'enseignant

Ce jeu porte essentiellement sur la vie du mot ou des mots, leurs ramifications et c'est cette prolifération qui entraîne l'idée. On s'apercevra, avec un peu de pratique, que certaines évocations sont prégnantes et induisent des pistes d'écriture que l'on retrouve d'un groupe à l'autre. On notera aussi que des mots sont plus porteurs que d'autres ; on veillera donc au choix de ces mots inducteurs. Ainsi, *lettre* et *papier* donnent plutôt des textes portant sur l'écrit, la correspondance, des mots stimuli comme *aquarelle* et *rose* des productions traitant plutôt de peintures et de paysages. Tout ceci pour mettre en lumière le rôle prépondérant de l'enseignant dans le choix initial.

Pour permettre l'écriture de textes plus ou moins longs le maître devra calculer le nombre d'évocations nécessaires pour la rédaction d'un minimum de lignes.

Une fois les textes composés on les fera recopier, si possible, sur des transparents qui seront vus au rétroprojecteur. Ce procédé permet la lecture commune par toute la classe ainsi qu'une correction du style, rapide et efficace.

La troisième réécriture consiste à reprendre les écrits, à les améliorer par emprunts au groupe classe et à inventer une présentation matérielle et spatiale qui mette en valeur la consigne.

▲ Liste des mots testés

Voici une liste des mots producteurs de sens et bons supports d'écrits, testés dans diverses classes :

Acajou, acrobate, adorable, agréable, amandier, anniversaire, autrefois, aventure,
Blancheur, blondissant, bonheur.
Cajoler, courage, crayon.
Délicieusement, doucement.
Effleurer, embarcation, encouragement, enraciner, étoile, éventail, extraordinaire.
Faiblesse, férocité, feuilleton, filament, fraîcheur.
Gouttelette, gamine.
Louange, losange, lune.
Malheureux, menottes, mésange, minuterie, misérable, moissonneur.
Nuage, nuance, narcisse, nacelle.
Oranger.
Pâquerette, pêcheur, passeport, personnage, plongeur, politesse, principauté, printemps, promenade.
Ramener, ranger, ranimer, réchauffer, rémouleur, repasseuse, ressource, rafraîchir, ronde.
Sablonneux, savonner, silencieusement, soleil, souterrain.
Tempête, tendrement, tendresse, transparent.
Voilier, voyageur.

Cette technique permet de multiples variantes qui vont être décrites.

L'ÉCRITURE EFFERVESCENTE

92

LE SOLEIL

Le *mot stimulus* est inscrit dans un cercle; de ce cercle partent des rayons qui sont autant de supports des diverses évocations. La classe propose un certain nombre de mots qui seront supportés par les *rayons*. Dans de petites classes (CP, CE1) on peut s'en tenir à faire recopier ce soleil avec mise en page, graphisme soigné et, éventuellement, découpage et collage pour chaque rayon. Ce jeu peut être adapté à la maternelle si la maîtresse écrit les mots sur une étiquette, les fait découper et coller autour du soleil. Avec d'autres niveaux, on fera produire un écrit dont le tiers des mots proviendra du soleil (1).

Exemples CP:

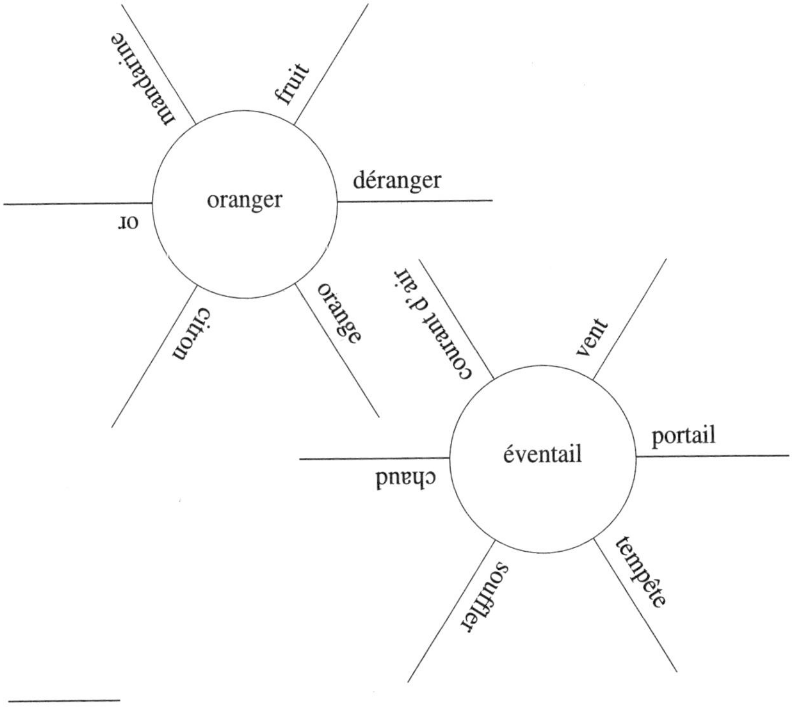

1. Terme utilisé par Mlle Lecuyer, auteur de *Imaginaire et écriture*, et *Lire pour écrire, écrire pour lire*, Hachette.

▲ Écriture effervescente individuelle

Un couple de mots ou une phrase est proposé. Chaque élève doit construire lui-même sa liste d'évocations en fonction du nombre de mots imposé par l'enseignant. Le déroulement de la séquence est ensuite identique au paragraphe précédent sauf pour la réécriture qui ne bénéficie pas des trouvailles de l'ensemble du groupe puisque le départ de ce jeu est individuel. En ce cas, c'est l'enseignant qui indiquera des pistes à chaque enfant pour l'amélioration esthétique de l'écrit; mais l'élève est toujours libre d'accepter ou refuser ces suggestions.

▲ Soleil et évocations grammaticales

L'idée est de Yak Rivais dans *Pratique des jeux littéraires en classe* (Retz, 1993).

On part d'un syntagme verbal et l'on doit développer un nombre donné de phrases par évocations avec une contrainte grammaticale.

On peut ainsi travailler les accords, les attributs, les groupes nominaux seconds, les infinitifs, les compléments circonstanciels, les compléments d'objet, les compléments du nom, les épithètes, etc.

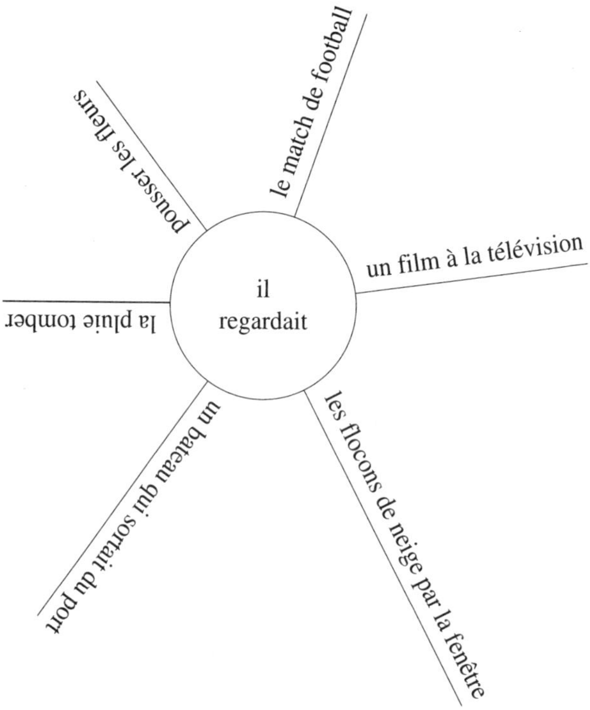

L'ÉCRITURE EFFERVESCENTE

93

RÉSERVOIR DE MOTS

L'écriture effervescente permet un travail collectif sur des styles ou des genres particuliers que l'on veut approfondir.

Le réseau d'évocations par les sons et le sens permettra d'accumuler un vocabulaire technique, mais également des jeux sur la langue. Ci-dessous un travail de ce type réalisé par des élèves de CM2 sur les horoscopes (École Gambetta, classe de M. Varin, Cagnes-sur-mer.)

Période du 20 février au 1er mars — par le CM2

HOROSCOPE

BÉLIER: du 21 mars au 21 avril
Lire est votre loisir.
Amour: Ne vous fiez pas au apparences de l'amour, car si vous êtes mariés vous êtes liés à vie. Si vous ne l'êtes pas, ne bêlez pas auprès de celle que vous aimez sinon elle vous rejettera surtout si elle est native du lion. Sautez la haie du désespoir pour vous libérer. Invitez votre partenaire au restaurant, faites la danser et si c'est une jeune fille, offrez-lui un collier.
Santé: Calmez-vous! Car si vous ne le faites pas, il vous poussera des cornes de colère. Partez à la montagne y respirer le bon air, cela vous fera le plus grand bien et votre stabilité et votre agilité reviendront. Surtout faites attention aux beignets gourmands.
Travail: Le matin, foncez tête baissée au bureau, vous réussirez à force d'obstination.

TAUREAU: du 22 avril au 21 mai
Votre couleur sera le rouge.
Amour: Vous rencontrerez l'être de vos rêves dans une arène et vous assisterez à une corrida sympathique. Vous serez attiré par son physique mais attention, très vite vous sentirez pousser des cornes sur votre tête.
Santé: Vous prendrez des vacances au soleil. Dans les îles vous pourrez vous régaler avec de délicieux sirops exotiques, mais buvez aussi de l'eau, vous éviterez les rots provoqués par l'aérophagie. Vous vous cognerez contre un palmier et vous perdrez un peu de sang. Vous sentirez vos forces revenir après ces jours de détente.
Travail: Dans votre métier, vous serez obstiné et hargneux. Votre patron se mettra en colère contre vous. Votre vie sera un vrai calvaire et vous vous sentirez enfermé derrière des barreaux comme en prison.

CANCER: du 22 juin au 22 juillet
Ça va chauffer!
Amour: Si vous en pincer pour lui, sortez de votre carapace et dites-le lui. Soyez serviable, la chance est dans votre camp et, si ça marche, vous serez encerclé de bonheur.
Santé: En cas de douleurs, n'hésitez pas à consulter un médecin, la mort pourrait survenir. On vous prescrira des médicaments et vous éviterez ainsi une opération chirurgicale à l'hôpital.
Travail: Ne cancanez pas trop au boulot, histoire de passer le temps, parce que ce n'est pas vous mais votre patron qui va perdre son sang-froid. Ne planez pas car il va vous réveiller en criant que vous êtes un cancre.

LION: du 23 juillet au 22 août
Rions et rugissons!
Amour: Ne sortez pas vos griffes. Vous ferez la connaissance d'une jeune personne à la longue crinière fauve. Si vous habitez Lyon, partez pour l'Afrique, votre amour s'épanouira dans la chaleur de la savane.
Santé: Vous aurez la vigueur d'un félin mais n'abusez pas de votre forme car les gens qui vous entourent deviendront vite encombrants en profitant de votre agilité naturelle. Il faudra vous couvrir d'un manteau de fourrure cet hiver car vous pourriez attraper un chat dans la gorge.
Travail: Il vous faudra être rapide et souple mais surtout ne restez pas au lit. Vous trouverez peut-être les journées trop longues et ça vous rendra féroce. Cependant ne vous prenez pas pour un roi fainéant en demeurant paresseux.

GÉMEAUX: du 22 mai au 21 juin
À deux c'est plus facile.
Amour: Vous vous lierez d'amitié puis vous vous unirez. Vous habiterez dans un hameau de montagne près d'une source.
Santé: Vous aurez des mots de ventre du 24 au 28 mai. Surtout évitez de boire trop d'eau sinon vous aurez tendance à ressembler à un chameau et vous serez encombré pour marcher.
Travail: Vous tomberez de haut dans vos relations avec votre patron. Vous serez terriblement gêné d'apprendre la nouvelle à votre jumeau mais ensemble vous trouverez certainement une solution.

VIERGE: du 23 août au 22 septembre
Seule la paix vous conduira aux cieux.
Amour: Si vous êtes seuls, ne désespérez pas et soyez moins fier, votre jour de chance va arriver. Continuez de vous promener, vous rencontrerez l'amour de votre vie dans un endroit proche de la mer.
Santé: Ne buvez pas autant de bière sinon vous tomberez malade car vous êtes fragile. Attention entre le 20 et le 30 février vous allez avoir de gros problèmes, méfiez-vous des pièges d'une mauvaise alimentation.
Travail: Si vous êtes concierge, vous feriez mieux de changer de métier car vous ne gagnez pas assez d'argent.

▲ Phase 1 : création d'un réservoir de mots

Écriture effervescente :
– les sons et les sens : travail collectif noté au tableau.

Bélier	Taureau	Gémeaux	Cancer	Lion	Vierge
lier bêler baies lit beignets haie collier lire allié se fier à...	tord tort eau rôt veau poteau Pau barreaux	jumeaux hameau chameau gêne gemme eau haut chapeau mots maux	serre sert camp cancaner cancre Caen décan encercler serviable air chant sang	lit on long bon Lyon son sillon pion lisse non rions	vie cierge auberge émerge berge lierre piège hier fier mer bière l'air concierge
cornes sauter force agilité stabilité montagnes charger foncer protection	cornes force corrida arènes hargne rouge toréador obstiné sombre sang soleil	deux double frère sœur ensemble ressemblance lien	maladie douleur hôpital mort souffrance médecin médicament chirurgie opération sauver pince crabe carapace mer	féroce chat rugir crocs crinière roi fourrure fauve griffer agile chaleur force rapidité carnivore encombrant paresseux dormir Afrique	église paix blanc saint seul pêcher ciel propre immaculé cassette

Balance	Scorpion	Sagittaire	Capricorne	Verseau	Poissons
lance bal balançoire rance dance anse hanche Vence bas alliance chance rance	score pion cor corps scorbut or pie square pont sort harpon	sage stère agiter il s'agit de... terre air sphère chair père itinéraire tiers gîte se taire	corne Capri câpres prix prier caprice appris cape cap or cor corps orné	verse vers eau seau sot verre vert eau air berceau verso cerceau oiseau cadeau	poids poisse poison son pinçon pinson moisson boisson proie oie toison hisser
poids masse plateaux équilibre aiguille régime grossir/maigrir lourd/léger peser	pinces mort dard poisson venin sable pierres désert piqûre arachnide feu suicide noir rouge gris	flèche arc cœur amour cheval chimère centaure sabots barbe	chèvre lait fromage herbe galoper courir gambader souplesse prairie poils barbiche	fontaine vase cruche torrent transparence don cascade rivière nature liquide mouillé nappe bain	écaille eau nager nageoires oxygène arêtes vitesse bulle mer pêcheur queue de poisson

▲ Phase 2 : production par signe

Production par groupes de 2 ou 3 d'un horoscope correspondant au signe choisi : 12 groupes de travail

Consigne : en respectant la structure étudiée
– 3 parties : amour, travail, santé.
– emploi de IF, IP, Imp + vous.
Créer un horoscope humoristique en puisant dans le réservoir des mots.

▲ Phase 3 : évolution

évaluation des productions / structure initiale –> réécriture

▲ Phase 4 : réalisation définitive

Mise au propre informatique et illustration

CONTES

94

QUELLES COMPÉTENCES ?

Le conte de fées remplit une fonction essentielle dans la communication. Grâce à lui l'enfant rêve, imite, explore, crée ; bref le conte a une action pédagogique et participe du développement affectif et cognitif de l'enfant. En effet, cette forme de littérature très proche de l'oral, permet au jeune de se comprendre et de comprendre le monde. Sous sa dimension fortement conventionnelle et donc ludique, il favorise une gymnastique intellectuelle rendant le destinataire apte à mieux comprendre le concret, à le transformer et l'assimiler aux symboles.

Les jeux d'écrits portant sur le conte nous conduisent, par conséquent, à envisager l'écrit dans toute sa globalité. Ainsi, le conte demeure un outil efficace à l'école élémentaire pour tout travail portant sur la production de textes.

Différentes analyses permettent de donner des moyens de créer et de jouer avec les récits, les transformer, les déformer, les imiter.

CONTES

95

LA NARRATOLOGIE

▲ Les fonctions de Propp (1)

Vladimir Propp est le premier qui a conçu un outil efficace permettant de représenter la logique narrative d'un écrit (le conte merveilleux, uniquement). À travers un imbroglio d'événements de surface, difficiles à classer d'un conte à l'autre, et même à comprendre, il découvre l'existence en structure profonde d'une grande stabilité entre les types d'actions qui jalonnent un récit. Il les nomme « fonctions » et les qualifie d'invariants. Après étude d'un corpus de quelques centaines de contes, il établit 31 fonctions, valeurs constantes qui se répètent. Il montre que ces fonctions existent en nombre limité quel que soit le nombre de personnages et la manière dont ces fonctions sont accomplies. Notons que dans un récit particulier, toutes ces fonctions n'apparaissent pas. En revanche, certaines peuvent être récurrentes.

Tableau des fonctions relevées par Propp (nous y ajoutons un commentaire et quelques exemples dans une perspective pédagogique):

1. Éloignement. (Un personnage important du récit doit s'éloigner. Ex. : Barbe-Bleue.)

2. Interdiction. (Ce personnage interdit quelque chose ou fait une recommandation importante. Ex. : «*N'ouvrez à personne.*»)

3. Transgression. (La recommandation n'est pas suivie.)

4. Interrogation. (L'agresseur essaie d'avoir des renseignements.)

5. Information. (L'agresseur reçoit des informations sur sa victime.)

6. Tromperie. (L'agresseur tente de tromper sa victime pour lui dérober quelque chose.)

7. Complicité. (La victime se laisse tromper.)

8. Méfait (*ou Manque*). (Il manque quelque chose à un personnage important du conte.)

9. Médiation. (On fait connaître la nouvelle et on demande un héros.)

10. Début de l'action contraire. (Acceptation du héros qui décide d'agir.)

11. Départ du héros. (Le héros quitte le royaume.)

12. Première fonction du donateur. (Le héros est testé, mis à l'épreuve.)

---

1. Vladimir Propp, *Morphologie du conte*, Seuil, 1976.

13. Réaction du héros. (Le donateur, personnage tout puissant, teste le courage, l'intelligence ou la bonté du héros ; le héros y répond positivement.)
14. Réception de l'objet magique. (Le héros est récompensé par le donateur ; il reçoit un objet magique ou une promesse d'aide.)
15. Déplacement du héros. (Le héros est transporté ou se transporte lui-même près du lieu où se trouve l'objet de sa quête.)
16. Combat entre le héros et l'antagoniste. (Le héros et son agresseur s'affrontent dans un combat.)
17. Le héros est marqué. (Il reçoit un signe, une cicatrice, une formule magique, etc.)
18. Victoire sur l'antagoniste. (L'agresseur est vaincu.)
19. Réparation du méfait (ou manque) initial. (La personne ou la chose qui faisait défaut au N° 8 est récupérée.)
20. Retour du héros. (Le héros revient dans son pays.)
21. Poursuite du héros. (Le héros est poursuivi par un antagoniste.)
22. Secours. (Le héros est sauvé.)
23. Arrivée incognito du héros. (Le héros rentre chez lui ou chez le roi sans se faire reconnaître.)
24. Prétentions mensongères du faux héros. (Un faux héros demande sa récompense.)
25. Tâche difficile imposée au héros. (Épreuve.)
26. Tâche accomplie. (Épreuve réussie.)
27. Reconnaissance du héros. (Le héros est reconnu très souvent grâce à la marque qu'il a reçue.)
28. Découverte du faux héros. (Parallèlement le faux héros est reconnu.)
29. Transfiguration du héros. (Le héros reçoit une nouvelle apparence.)
30. Punition de l'antagoniste. (Le faux héros ou l'agresseur est puni.)
31. Mariage du héros. (C'est, en général, la récompense du héros ; il monte également sur le trône.)

Ce schéma narratif indique une dynamique des actions principales et par conséquent, aide l'enfant à rendre claires ses idées concernant la suite des événements.

▲ Les actants de Greimas

À la suite de cette analyse, Greimas (1) définit une classe d'acteurs qui jouent tous un même rôle. Il les appelle **actants** et ils se définissent dans une syntaxe du récit. Il établit un schéma actanciel qui précise le rôle des personnages par rapport à l'action.

Le **sujet** est mis en relief et devient le **héros** de l'action. C'est un personnage fortement connoté positivement. C'est lui qui supprimera le déséquilibre initial du début du conte et qui mènera la recherche de l'objet.

L'**objet** de l'action entreprise par le héros est à la fois désigné par le **destinateur**

---

1. A. Greimas, *Sémantique structurale*, Larousse, 1966.

et accepté par le héros. Ce lien entre le sujet et l'objet est le moteur du récit; il est souvent plus fort que celui qui unit le destinateur à l'objet ou au héros.

Un **adjuvant** ou plusieurs aident le héros dans sa quête; ceux-ci peuvent prendre toutes les formes possibles et permettent au héros d'affronter toutes sortes d'obstacles.

Les **opposants** constituent une classe symétrique de la première; ils entravent le héros dans sa quête de l'objet.

C'est en principe, le **destinateur** qui constate ou manifeste le déséquilibre et tente, par l'intermédiaire du héros d'obtenir un état final satisfaisant. Il commande l'action et désigne donc les sujets possibles.

Le bénéficiaire de l'action est le **destinataire**. Lui aussi peut revêtir des formes extrêmement variées.

À partir de ces six entités, Greimas développe un schéma sémantique: Le *Destinateur* est une force qui pousse le *Sujet* à rechercher un *Objet*. Dans cette quête de l'Objet, le Sujet ou Héros est aidé par des *Adjuvants* et entravé par des *Opposants*. À la fin celui qui profite de la quête est le *Destinataire*.

Claude Brémond (1) interprète différemment cette syntaxe narrative et tente de développer un outil fonctionnel d'analyse où il met l'accent sur les articulations logiques et les enchaînements.

Il montre que toute séquence peut bifurquer vers deux voies : soit un processus d'amélioration, soit un processus de dégradation et ceci manifeste que le récit peut se prolonger à l'infini. C'est ce que Claude Brémond nomme : « *la logique des possibles narratifs* ».

Le conte débute très généralement par un état initial d'équilibre puis cet équilibre est brisé par un élément perturbateur qui entraîne une dégradation; à ce moment-là une nouvelle dégradation est possible ou bien une amélioration et ainsi de suite jusqu'à un équilibre final. Souvent dans les contes, l'équilibre final manifeste une amélioration générale par rapport à l'état d'équilibre du début du conte. Et ainsi, le conte dit qu'il n'est pas vain de lutter puisqu'il y a toujours amélioration : mariage, enfants, alliances, héritage, etc.

Avant d'examiner les relations possibles entre la narratologie et la didactique, on doit préciser que ces théories n'ont pas été élaborées à des fins purement didactiques ni pédagogiques. On doit donc comprendre que ces outils ont dû être légèrement transformés afin de faciliter la compréhension des textes et, plus précisément, donner les moyens d'apercevoir un certain ordre dans le désordre apparent des intrigues.

De plus ils fournissent également des jalons pour écrire et, par conséquent facilitent la production des textes par l'enfant. Celui-ci, rassuré par la présence d'étapes principales d'un développement, écrira de façon plus aisée. Ajoutons enfin qu'il trouvera aussi sa propre liberté car ces modèles ne l'enferment pas et ne le limitent pas.

1. C. Brémond, «La logique des possibles narratifs», in *Communication* n° 8, Le Seuil, 1966.

CONTES

96

COMMENT EN CRÉER ?

▲ Les règles du jeu

Ces activités de création et de jeux doivent être pratiquées après plusieurs séances d'imprégnation où l'on mettra en évidence, sur des exemples précis (*Le Petit Chaperon Rouge, Le Joueur de flûte de Hamelin, La Chèvre et les sept chevreaux, Pinocchio, La Belle au Bois dormant, Cendrillon, Le Vilain petit canard, Blanche Neige, Barbe-Bleue, Le Petit Poucet, Boucle d'or, Le Chat Botté, ...*) les principales fonctions mises en jeu.

Des activités de tris de contes selon des critères bien définis seront proposées, des comparaisons de contes ou de deux versions proches pourront apporter des précisions concernant les fonctions, les personnages, etc.

Ensuite, les enfants sont invités à former des groupes d'écriture.

Ils tirent au sort dans un paquet de cartes précédemment illustrées : un *héros,* un *objet* de quête, un *destinataire,* un *destinateur,* un *adjuvant,* un *opposant.*

Ils écrivent ensuite un conte avec les contraintes du tirage au sort. Chaque récit est donc différent de celui des autres groupes. À la fin, tous lisent leur production, répondent aux questions.

Après cet échange, il est bon de laisser du temps aux élèves pour réécrire les récits, les améliorer en fonction de ce qui a été lu ou dit.

▲ Images découpées et collées

On peut imaginer un autre type d'exercice d'écriture avec un matériel formé de cartes.

Créer des cartes

On demande à la classe d'apporter 5 catégories d'images préalablement découpées dans des revues.

1. Images de personnages plutôt connotés positivement (« que vous aimez bien »).

2. Images de paysages.

3. Images d'objets à connotations positives.

Bien évidemment, après tous ces exercices, il est recommandé d'établir des parallèles et des comparaisons avec des narrations connues : romans policiers, romans populaires, *comics,* westerns, contes, nouvelles, films, romans à intrigues, feuilletons, etc.

On peut organiser d'autres variantes à ce jeu d'écrit. Par exemple, chaque petit groupe tire au sort un héros puis un nombre égal d'épreuves et d'objets positifs. L'on doit alors imaginer une alternance de détériorations et d'améliorations successives en utilisant toutes les cartes.

Autre possibilité (oralement, ce qui permet l'exploitation dans de petites classes) :

Un enfant tire au sort une carte « *héros* » et commence un récit ; puis un autre tire une carte « *personnage* » dans le paquet « *adjuvants* » et le décrit, un autre poursuit après avoir choisi une carte du paquet « *2* » qui fournit l'objet magique, et ainsi de suite en puisant de temps en temps dans le paquet « *4* » pour fournir des opposants.

▲ Les fonctions

Pour inciter à une écriture plus ludique on peut fournir le canevas succinct d'un conte et demander d'écrire l'histoire possible. Par exemple, on fournit un schéma jalonné par des fonctions importantes.

1. État d'équilibre.
2. Il manque quelque chose à quelqu'un.
3. On fait appel au futur héros.
4. Celui-ci accepte la mission qui lui est confiée.
5. Il part à l'aventure.
6. En chemin il doit affronter des épreuves (courage, intelligence, bonté).
7. Il les réussit.
8. Il reçoit pour cela une récompense magique (objet, paroles, aide, etc).
9. Rencontre avec le méchant.
10. Combat.
11. Utilisation de l'objet magique.
12. Victoire.
13. Le manque est comblé.
14. Retour.
15. Le héros se fait reconnaître.
16. Il reçoit une récompense.

D'autres schémas, plus réduits notamment, peuvent être fournis ; il est aussi possible d'intervertir certaines fonctions pour montrer comment un récit peut bifurquer. Par exemple, déplacer l'utilisation de l'objet magique ou la fonction « *reconnaissance* ». On peut aussi faire réapparaître le méchant plus tard, sur le chemin du retour, provoquer un deuxième combat, etc.

D'une façon légèrement différente, on peut aussi susciter l'esprit créatif en faisant fabriquer par le groupe un jeu de sept ensembles de cartons sur lesquels on aura inscrit ce qui suit :

Carton n° 1 : choisis un héros ou une héroïne pour ton récit. Décris-le ou décris-la.

Carton n° 2 : imagine le pays où il vit, et son habitation.

Carton n° 3 : il manque quelque chose au héros ou à un personnage principal qui charge le héros d'une mission.

Carton n° 4 : le héros accepte la mission et part à l'aventure.

Carton n° 5 : le héros reçoit des aides dans sa recherche.

Carton n° 6 : le héros est entravé dans son action par des ennemis.

Carton n° 7 : le héros réussit dans son entreprise; imagine la fin de l'histoire : les récompenses possibles et les punitions éventuelles.

Les cartes peuvent être utilisées comme il est indiqué ci-dessus sans autres indications. L'enfant a désormais toute liberté dans le choix des personnages et fonctions.

Si l'enseignant préfère donner des outils à ses groupes, il peut alors faire rechercher des représentants de chacun des ensembles. Par exemple, pour le *1* les élèves peuvent découper et coller l'image d'un enfant, d'un prince, d'une fillette, d'un animal, d'un sportif, etc.

Pour le *2* des découpages de villages, de paysages verdoyants, désertiques, enneigés, des montagnes, des collines, des paysages maritimes, etc.

Ceci pour toutes les catégories, ce qui motive la classe; de plus les cartes, et donc le jeu, deviennent leur propriété.

Ensuite les groupes de deux ou trois enfants reçoivent un représentant des 6 cartons dans le désordre. Ils les agencent comme ils le souhaitent pour leur propre histoire. Puis ils composent un récit qui doit respecter ces balises narratologiques.

Par comparaison et lecture des récits de tous les groupes les élèves découvrent des différences au plan des résultats et observent, par conséquent, que l'ordre des fonctions est inducteur de récits différents.

Dans son ouvrage Claudette Lecuyer (1) imagine une série de douze cartes illustrant les principales fonctions d'un conte. Ces fonctions sont présentées sous forme de phrases résumant l'idée essentielle.

Exemple : En chemin le héros rencontre un ami. Imaginez l'adversaire du héros. Le héros parvient finalement au but de son voyage. Décrivez ce lieu. Racontez comment le héros reçoit des conseils ou des renseignements, etc.

De plus des pistes sont fournies pour chaque fonction; par exemple pour la fonction « Imaginez les épreuves et les obstacles que le héros doit surmonter en chemin » on suggère les événements suivants :

---

1. *Lire pour écrire, écrire pour lire*, Hachette.

– Tâches impossibles ou surhumaines.
– Mauvais sorts et enchantements.
– Animaux hostiles.
– Monstres (dragons, géants).
– Obstacles naturels infranchissables (falaises, gouffres).
– Énigmes, devinettes.
– Combats, duels, luttes.
– Brigands, voleurs, pirates.
– Magiciens, méchantes fées, sorcières.
– Maladies, souffrances.

Un tirage au sort a lieu, ou bien les cartes sont à la disposition des enfants qui en utilisent certaines et les placent dans l'ordre qu'ils préfèrent pour rédiger leur récit.

▲ Les possibles narratifs

Toujours dans la perspective d'utilisation de schémas facilitant l'écriture, on peut partir, cette fois, de l'analyse simplifiée de Claude Brémond.

Après explications des possibles narratifs, à l'aide de commentaires d'un récit, on distribue une esquisse simple partant d'un état initial, se terminant par un équilibre final et passant par diverses étapes de dégradations successives et d'améliorations.

Exemple :

État initial ➜ élément perturbateur. ➜ dégradation ➜ amélioration ➜ dégradation ➜ nouvelle dégradation ➜ amélioration ➜ équilibre final.

À partir de ce squelette de récit les enfants doivent inventer des contes ; leur comparaison à la lecture montre aux autres que le même modèle peut être générateur d'un nombre infini d'intrigues et de développements.

On le voit, les consignes peuvent varier à l'infini et peuvent donc être personnalisées pour chaque petit groupe si l'enseignant le souhaite.

Un jeu légèrement différent consiste à diviser la classe en deux groupes. Les élèves du premier groupe écrivent un début de texte en plaçant le héros devant des épreuves (ils inventent les épreuves ou peuvent tirer des cartes au sort comme pour les « images découpées et collées » ci-dessus). Les élèves du deuxième groupe doivent intervenir et proposer des solutions pour sauver le héros ; l'histoire se poursuit en alternant épreuves et réussites.

Les applications pédagogiques de la narratologie peuvent impliquer la recherche des « manques » dans un récit.

On donne aux élèves un conte amputé de sa fin et ils doivent rédiger les phases manquantes à l'aide du schéma narratif. Le récit peut également être amputé de son début, de son milieu et l'on met en œuvre le même type d'activités.

Lire un conte, s'arrêter à un carrefour de la narration et demander une suite différente de celle imaginée par l'auteur.

Les possibles lexicaux et les marqueurs

L'exploitation des possibles narratifs peut se pratiquer grâce à des jalons lexicaux qui inciteront davantage à écrire. Le maître peut les inscrire au tableau dans un ordre aléatoire : « En ce temps-là; tout à coup; il y a bien longtemps; il était une fois; c'est alors; soudain; bientôt; ils vécurent heureux; » etc. Il peut aussi induire un ordre.

Il s'agit de baliser un parcours narratif et de demander aux groupes d'écrire une histoire en respectant ces jalons. C'est une aide à l'écriture, et la structure assez souple laisse largement la place à la créativité.

Voici quelques possibles lexicaux :

Il était une fois...

Ils vivaient heureux dans...
Mais un jour...
Alors le roi (la reine ou tout autre personnage) promit...
Soudain ce fut X qui se présenta...
Il (ou elle) partit...
En chemin il (elle) rencontra...
Puisque tu m'as secouru, lui dit-il (elle), je te donne...
Notre héros continua son chemin...
Mais soudain il se trouva devant...
Alors il pensa aux paroles de...
Il parvint ainsi à surmonter l'épreuve...
Il revint bientôt dans son pays...
Enfin, heureux, il...
« Voici ta récompense » dit-il (elle) et...

Depuis, ils vécurent heureux et...

CONTES

97

LES PERSONNAGES

Dans les contes connus de tous les enfants, les personnages sont typés et possèdent des qualités et défauts bien particuliers, ainsi qu'une allure physique nettement reconnaissable, bien qu'assez peu détaillée.

▲ Je décris

Un jeu peut consister à réécrire un conte connu en faisant systématiquement le portrait physique de tous les personnages rencontrés.

Si le conte comporte un trop grand nombre de personnages, on désignera les portraits à entreprendre en soulignant.

La lecture donne lieu à des discussions et confrontations très fructueuses notamment sur le bien-fondé de tel ou tel caractère.

On peut pratiquer de la même façon avec certains lieux désignés par l'enseignant :

Forêt, village (le Petit Poucet), maison des nains, cabane de la mère grand, château de Cendrillon, donjon dans Barbe-Bleue ou paysage scruté, ogre du Chat Botté, les rues de Hamelin, la grotte, etc.

Autre jeu : on conserve la trame de l'histoire mais on change radicalement les lieux que l'on doit décrire (Le Petit Poucet se perd dans le métro; Blanche Neige se réfugie au désert pour échapper à sa marâtre; les Trois Petits Cochons bâtissent leur maison dans un pays froid comme le Canada, etc).

Ajouts de lieux : dans un récit, on fixe un certain nombre de lieux précis à ajouter dans une histoire connue; là aussi il faut que ces lieux soient fonctionnels.

▲ Les commutations

On demande aux groupes de reprendre un conte connu et de commuter les qualités ou les défauts de certains personnages :

Le Petit Poucet veut fuir et abandonner ses parents : il invente une « histoire » pour persuader ses frères.

Cendrillon est paresseuse et méchante avec ses demi-sœurs.

▲ Les ensembles

On peut grouper les personnages par qualités et défauts à exploiter.

Les malchanceux

– Au moment d'atteindre le haut du donjon, le frère se casse la jambe.
– Le chasseur qui vient délivrer le Petit Chaperon Rouge s'aperçoit qu'il n'a pas d'armes pour tuer le loup.

Les étourdis

– Barbe-Bleue a perdu la clé de son placard.
– Le Petit Chaperon Rouge perd sa galette et son petit pot de beurre dans le bois.

Les paresseux

– L'Ogre n'a pas envie de courir après le Petit Poucet.
– La Belle au Bois dormant est si bien dans son lit qu'elle se rendort.

Les bavards

– La marâtre de Blanche Neige ne cesse d'interroger le miroir ; le temps passe.
– Le Petit Chaperon Rouge raconte de multiples histoires au loup qui, à la fin, s'endort.

Les indisciplinés

– Les enfants de Hamelin sont tellement indisciplinés et bavards que le joueur de flûte les ramène chez eux.
– Les frères du Petit Poucet ne l'écoutent pas et cherchent leur chemin chacun dans une direction.

Les timides

– Blanche Neige n'ose pas entrer chez les nains.
– Le Chat Botté n'ose pas s'adresser au roi.

▲ Les ajouts

Dans un conte ou tout autre récit ajouter un personnage jaloux, timide, méchant, peureux, coléreux, etc.

On demandera une description physique et psychologique ainsi qu'un rôle actif pour le personnage ajouté.

CONTES

98

LES MÉLANGES

Gianni Rodari (1) donne de nombreux exemples de mélanges à tous niveaux.

Salade de contes

Il s'agit de mélanger deux ou plusieurs histoires connues:

Le Petit Chaperon Rouge rencontre le Petit Poucet dans le bois.

Le Petit Poucet se met au service de Blanche Neige.

Les Trois Petits Cochons rencontrent le Chat Botté.

Alice rencontre la Belle au Bois dormant.

Le Chat Botté vole les bottes de sept lieues de l'Ogre.

Cet exercice développe chez l'enfant la prise de conscience de l'intertextualité puisque des éléments d'une narration s'imbriquent dans une autre. Notons encore que même dans ces cas où les enfants sont très libres quant à la composition et la rédaction, ils sont tout de même rassurés et aidés par des trames connues sur lesquelles ils peuvent s'appuyer.

Liste de mots avec intrus

Rodari propose aussi un jeu : *Le Petit Chaperon Rouge en hélicoptère*, qui consiste à écrire une liste de mots évocateurs d'un conte avec un ou deux intrus.

Exemple 1 : La grand mère, la galette, le petit pot de beurre, la forêt, un hélicoptère.

Exemple 2 : Une citrouille, la marraine, un prince, un autobus.

Exemple 3 : Méchant homme à longue barbe, 6 femmes tuées, placard, clé, police, avocat, enquête.

L'intrus oblige les groupes scripteurs à commuter des lieux, des personnages, ou des époques ce qui ne peut que stimuler leur imagination.

---

1. G. Rodari, *Grammaire de l'immagination*, traduction Roger Salomon, Messidor, 1987.

▲ Contes défaits

G. Rodari explique qu'il est possible d'orienter la suite d'une histoire en « démarquant » un élément qui infléchira le cours de l'histoire.

Exemple :

Il était une fois une petite fille qui s'appelait le Petit Poucet. Ses parents étaient très riches et habitaient un manoir au milieu de la forêt. Un soir, alors que les parents pensaient que leurs enfants étaient endormis, le père dit :

«Il était une fois une jeune fille qui s'appelait Cendrillon. Un jour son père se remaria avec une femme charmante qui avait une fille très belle et aussi agréable. Cendrillon qui ne supportait pas cette situation résolut de se venger… »

▲ Contes à rebours

Il s'agit tout simplement de raconter un conte connu en partant de la fin. Mais ce jeu n'est pas aussi facile qu'il y paraît; il sera proposé à des enfants du **cycle 3** qui ont une bonne vision de l'enchaînement des événements.

Pour faciliter l'écriture de ces jeux il est souhaitable d'amorcer le récit par quelques phrases qui mettent en place les temps, les lieux, les protagonistes, etc.

Ainsi, pour *Le Petit Chaperon Rouge* : Il était une fois un chasseur qui se promenait dans la forêt. Brusquement il entendit des cris provenant d'une cabane; il s'approcha, ouvrit la porte en tirant sur la chevillette. Là il se trouva nez à nez avec un loup au ventre énorme...

▲ Pioche

Un jeu qui plaît beaucoup à tous les niveaux (**du CE1 à la 6ème**) consiste à placer dans une boîte des débuts de récits présentés en deux ou trois phrases.

Dans une autre boîte, se trouvent des événements résumés sous forme de quelques phrases.

Enfin dans une troisième boîte on a placé des fins de récits.

Le jeu consiste à rédiger un conte avec pour contrainte les trois éléments tirés au sort dans chacune des boîtes.

▲ Variante

Le maître peut aussi pratiquer un jeu analogue avec un simple jeu de cartes dans lequel il sélectionne, avec la classe, les figures qui seront positives et celles qui seront négatives. D'autres cartes pourront figurer des dégradations ou améliorations possibles dans la chaîne narratologique.

DES RÉCITS ET DES JEUX

99

QUELLES COMPÉTENCES ?

Ce chapitre aboutit à des activités d'écrits multiples requérant, pour la plupart, des compétences plus ou moins spécifiques selon la typologie des textes induits.

Les jeux portant sur les textes plus longs abordent essentiellement les problèmes caractéristiques de la narration, de la description, et de la typologie des textes.

L'élève est initié au repérage des diverses instances de l'énonciation :

– Qui parle ?

– À qui ?

– Pourquoi ?

– Comment le narrateur s'y prend-il ?

En jouant avec les divers types d'écrits, l'enfant s'initie au marquage temporel, au marquage de lieu dans l'énonciation.

Enfin ces fiches proposent des jeux au cours desquels l'on doit permuter les narrateurs, changer de perspective en décrivant, permuter les points de vue et donc acquérir une panoplie de moyens destinés à mieux comprendre les textes et les opérations de rédaction car ce n'est pas un sujet qui définit un texte, mais bien le type auquel il appartient ainsi que les conditions d'énonciation.

DES RÉCITS ET DES JEUX

100

ÉNONCIATION

Énoncé s'oppose à *énonciation* un peu comme *résultat* s'oppose à *acte*. Un énoncé est un produit et, par conséquent, si l'on veut aboutir à un résultat il faut apprendre l'acte de production. Voilà pourquoi il nous paraît important de jouer avec les notions d'énonciation car elles permettent de placer l'enfant dans des situations capables de provoquer, et surtout d'infléchir l'acte de création d'un énoncé.

▲ Les modalisateurs

Le locuteur a la possibilité de juger son énoncé et par là d'émettre des doutes ou des certitudes. Pour cela il utilise des adverbes ou des locutions comme : « sûrement, éventuellement, à coup sûr, sans doute, peut-être, selon moi ou selon X, certainement, etc. ».

Pour jouer sur les appréciations du locuteur, on distribue un texte neutre, comme un énoncé de mathématiques, un compte rendu, un résumé de sciences ou d'histoire, de géographie. On partage la classe en deux sous-groupes. Les élèves du premier sous-groupe doivent reprendre le texte sous l'angle d'un locuteur sûr de lui, les autres doivent le modifier en montrant que l'auteur doute de ses affirmations.

▲ Marqueurs de personne, de temps, de lieu

L'objectif de ces jeux est que l'élève repère aisément celui qui parle et à qui il s'adresse, la date de l'écriture (si cela est possible) et la date de l'énonciation ; qu'il situe également les lieux d'écriture, et les lieux de l'énonciation ainsi que ceux de l'énoncé.

Jeu sur les personnes

Il s'agit de transformer, non pas les pronoms d'un récit, mais la personne qui parle.

Exemple : dire « je » lorsque le texte est à la 3e personne ou dire « il » lorsqu'il est à la 1re personne.

On peut ainsi demander aux groupes de réécrire le *Petit Chaperon Rouge* en disant « je » ; inversement, par exemple, en partant d'une bande dessinée, (*Lucky Luke*) dire « il ».

Exemple (CM2), d'après *Le joueur de flûte de Hamelin* :

« Je m'appelle Hans ; je vis en donnant des récitals dans les villages. Aujourd'hui je suis très fatigué : heureusement j'aperçois le village de Hamelin où je pourrai me reposer.

Tiens, voilà un rat qui me file entre les jambes ! Les habitants de cet endroit ne sont pas bien propres ! Ils doivent laisser leurs ordures sur les chemins et dans les rues...

Encore un rat ! et un autre ! Je sens que je ne vais pas rester très longtemps ici... »

L'enseignant a la possibilité de fairc pratiquer ce jeu sur des textes plus courts et donc s'adapter à des niveaux d'enfants plus jeunes.

Par exemple, on partira de fables de La Fontaine et on indiquera la même consigne. Pour *Le Corbeau et le Renard*, on indiquera : « le renard raconte sa ruse » ; pour *La Cigale et la Fourmi* : « la cigale raconte, ou/et la fourmi raconte ». Il est intéressant de comparer les deux versions ; cela conduit souvent à une discussion portant sur la psychologie des personnages.

Jeu sur les lieux et le temps

En partant de récits courts, on demande aux équipes de deux élèves de changer l'époque où l'histoire se passe, changer les lieux.

Par exemple, transformer les lieux dans *Installation* d'Alphonse Daudet ; on indique : la Norvège.

Les groupes doivent donc modifier, non seulement la description elle-même, mais aussi commuter certains objets et animaux (les lapins par exemple).

Un jeu facile (CE) consiste à ajouter un lieu au sein d'un récit. Ceci oblige le groupe à infléchir la trame du récit pour justifier cet ajout.

Il en est de même pour les époques : un fort changement d'époque nécessite des transformations de contenu et oblige les équipes à réécrire une autre fiction.

Variante : Afin de jouer sur les embrayeurs portant sur la relation « temps de l'énoncé — temps de l'énonciation », ou « lieu de l'énoncé, lieu de l'énonciation », on fixe une liste de déictiques.

Par exemple, pour un travail sur le temps : aujourd'hui, le 1er Mai, en ce moment, demain, hier, tout à l'heure. Puis on indique un genre possible : « Une page de ton journal ».

Voici un paragraphe niveau CM1 après lecture d'extraits du *Journal* d'Anne Franck et réalisé le lundi 2 Mai en classe.

« Aujourd'hui 1er Mai je regarde la retransmission de la course de voitures à Monza en Italie. Alain Prost ne court pas cette fois.
Hier, pendant les essais j'ai appris qu'un pilote Autrichien s'était tué en s'écrasant contre un mur. Mon père dit qu'il n'y a pas assez de bottes de paille

devant les murs et que c'est très dangereux. En ce moment la course est arrêtée car une voiture a calé. Les autres voitures se rangent une fois encore sur la ligne de départ.

Au bout de quelques tours la voiture de tête pilotée par Senna heurte encore un mur : on se précipite vers lui et quelques minutes plus tard, il est transporté en hélicoptère vers un hôpital; tout à l'heure, la télévision a annoncé que ce n'était pas très grave et Prost a dit qu'il espérait que Senna ne serait pas handicapé.

Malheureusement lundi en me levant pour aller à l'école la radio annonce que ce grand pilote est mort. On est tous très tristes à la maison. »

Afin de bien induire un texte à déictiques où le repère soit bien un moment de l'énonciation, on ne confondra pas les ensembles:

Repère par rapport à l'énonciation	Repère par rapport à l'énoncé (non déictiques)
Tout à l'heure, dimanche, mardi, etc. Demain, dans trois jours, dans une semaine Hier, il y a un mois, deux jours, une semaine En ce moment, maintenant Aujourd'hui, cette semaine, cet hiver	Ce dimanche-là Une semaine plus tard, le lendemain Deux jours plus tard, l'avant-veille, la veille À ce moment-là, alors Cet hiver-là, cette année-là, ce jour-là

On fixera de la même manière une liste de déictiques de lieux à utiliser dans un écrit fictionnel.

Transfocalisation

Le locuteur peut adopter différents points de vue lorsqu'il écrit : il focalise sa vision « avec » un personnage qu'il choisit et, par conséquent, raconte l'histoire à travers sa personnalité (*focalisation interne*), ou bien il décide d'être en dehors, surplombant l'action comme un observateur impartial (*focalisation externe*) enfin il peut aussi se transporter où bon lui semble, d'un personnage à un autre, d'un lieu à un autre (*focalisation omnisciente*).

Les jeunes enfants sont capables, avec l'aide du maître, de repérer ces différents types de focalisation, mais ils ne parviennent pas encore à maîtriser les changements de point de vue.

En revanche, ils sont tout à fait aptes à écrire ou réécrire des fictions vues sous l'angle de narrateurs différents.

Les jeux sont multiples : il suffit de partir d'un récit (plutôt connu) et d'indiquer une focalisation nettement différente de celle que l'auteur du récit a choisie.

Exemples :

Le marquis raconte l'histoire du « *Chat Botté* », la marraine conte l'histoire de « *Cendrillon* », un ours raconte « *Boucle d'or* », le maire raconte l'histoire du « *Joueur de flûte* », un voisin témoigne à propos de « *la Petite fille aux allumettes* ».

Avec *Blanche Neige*, on peut faire dire l'histoire par chacun des sept nains; pour cela on partage la classe en sept sous-groupes qui se mettront l'un à la place de Timide, l'autre à la place de Grincheux, le troisième à la place de Prof, etc. La confrontation des textes obtenus suscite des interrogations, des réserves et la discussion est souvent animée.

On peut opérer de même avec « *les fables* » de La Fontaine : le lion explique sa mésaventure (*Le Lion et le Rat*), le lièvre commente sa course (*Le Lièvre et la Tortue*), le renard raconte sa ruse (*Le Renard et le Bouc*), etc.

Tout autre texte lu en classe et expliqué peut donner lieu à ces types de transformations.

La presse fournit de bons supports pour des jeux sur la focalisation. Après lecture de quelques articles de sport (football, basket, rugby, etc.) on demande de réécrire un compte rendu : c'est l'arbitre qui parle, c'est un joueur, etc.

On pourra également jouer sur les sens et, par exemple, donner à raconter une histoire avec un narrateur qui ne fait que voir, avec un autre narrateur qui ne fait qu'entendre, un autre placé plus bas (chat), plus haut (oiseau).

À travers ces jeux, l'enfant apprend la souplesse; il se met à la place de l'autre, comprend au travers de personnalités différentes. De plus, il doit réfléchir à la vraisemblance de son récit : ainsi, s'il narre *La Chèvre de Monsieur Seguin* au travers du loup, il ne peut pas rapporter ce qui s'est passé entre la chèvre et M. Seguin; en revanche, on peut apprendre des détails que nous ne connaissions pas concernant ce nouveau narrateur, avant la rencontre et après.

En procédant de la sorte, l'élève peut saisir d'une manière concrète les choix d'énonciation dans un récit; plus tard, il pourra sans doute mieux analyser les jeux de perspective dans la littérature.

DES RÉCITS ET DES JEUX

101

CROQUIS ET GRAPHIQUES

On peut susciter l'envie d'écrire et guider les futurs rédacteurs en assignant aux équipes en ateliers d'écriture des tâches ayant des croquis, des graphiques comme supports (1).

▲ Croquis et graphiques scientifiques

Dans certains manuels de mathématiques ou de géographie on remarque des croquis ou graphiques qui accompagnent les leçons.

Ceux-ci ont un contenu important et l'enfant doit pouvoir les comprendre pour résoudre certaines difficultés.

Les jeux que nous suggérons dans cette fiche ont l'avantage de provoquer, non seulement une lecture attentive des signes iconiques, mais encore de motiver les groupes à écrire d'une manière originale et souvent humoristique.

De plus ils préparent les élèves à mieux comprendre l'énoncé ou le contenu de la leçon.

Avec ces supports particuliers on peut mettre en place trois principaux types d'activités.

Récits

– On distribue un graphique ou un croquis tiré d'un manuel ou composé par le maître.

– On analyse ses caractéristiques sans fournir la solution.

– On demande ensuite aux petits groupes de composer un texte lié au graphique fourni.

Les courses

Julie va faire les courses au village. Ce graphique raconte son voyage. Invente une histoire expliquant ce qu'elle a fait en chemin.

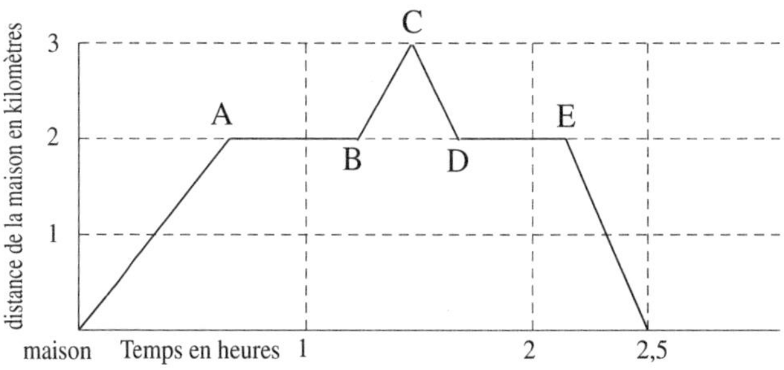

1. *School Mathematics project.*

Croquis

On distribue des graphiques différents portant sur le même thème. Chaque groupe produit un écrit.

Puis, chaque écrit est échangé avec celui d'un autre groupe. La consigne demande alors qu'à la lecture des énoncés les enfants dessinent le graphique correspondant au texte qu'ils ont en main. À la fin, on compare modèles, textes et graphiques produits.

Un exemple : course d'orientation

Trois équipes sont engagées dans une course d'orientation. Elles partent du village et doivent contourner un drapeau puis revenir au village.
Raconte l'histoire d'une de ces trois équipes.

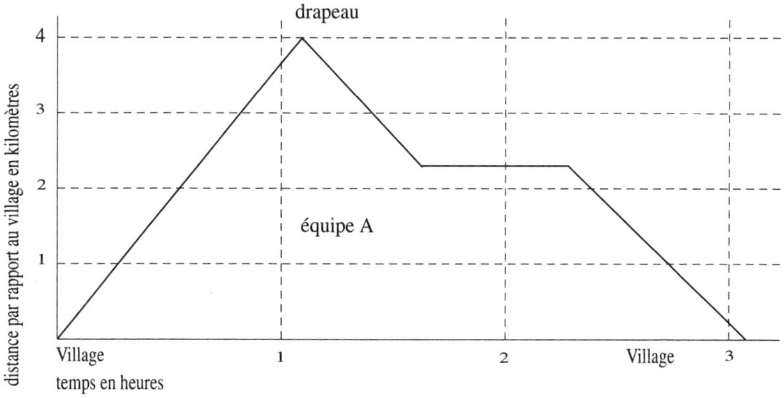

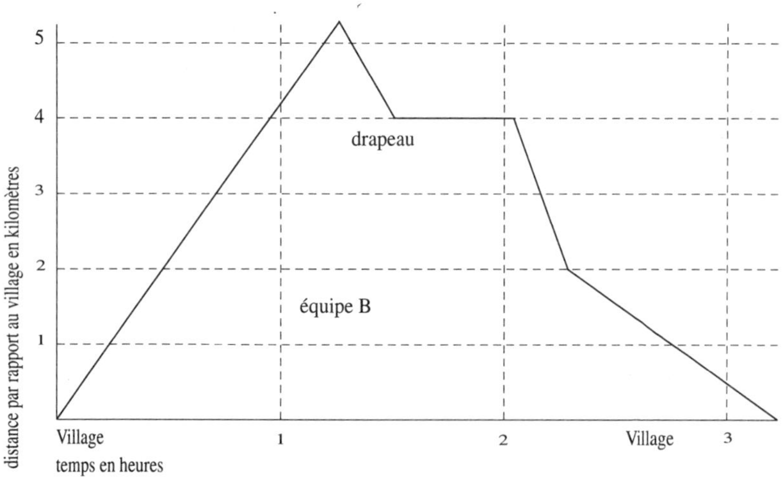

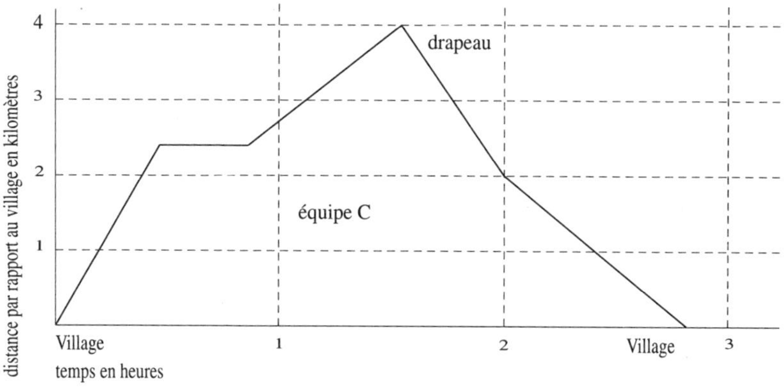

Explorations

Le maître distribue une feuille sur laquelle figurent plusieurs graphiques différents. Chaque groupe doit rédiger un texte à propos d'un des croquis (tous différents).

À la fin chacun lit son texte et chaque groupe doit reconnaître de quel élément il provient.

▲ Croquis plastiques et grammaire

Le portrait de groupe

On demande aux élèves d'apporter une photo les représentant il y a quelques années. Ils collent cette photo sur une feuille de papier, puis à côté ils dessinent un arbre et écrivent sur le tronc la phrase « *Quand X était petit(e)* »... Chacun fait passer sa feuille et inscrit une phrase dans les branches de l'arbre. À la fin, les élèves recueillent leur arbre avec toutes les phrases de leurs amis. Ce jeu a le mérite de laisser, pour chacun, un souvenir graphique et souvent humoristique de la classe; mais c'est aussi l'occasion d'utiliser, de manière spontanée, des imparfaits en grand nombre : « *quand X était petit il avait les cheveux courts* », « *quand X était petit il n'avait pas de dents* », etc.

« S'il te plaît, dessine-moi un arbre... »

Les élèves sont groupés par deux. L'un d'eux compose un message pour son voisin; il commence par : « *S'il te plaît, dessine-moi un arbre merveilleux...* » et se poursuit par une description précise de tous les éléments de l'arbre : tronc, branches, feuilles, fleurs, etc.; éventuellement, des fruits et éléments extraordinaires.

Exemple : « *S'il te plaît, dessine-moi un arbre merveilleux avec un gros tronc noir grand et épais, avec des branches épaisses et tordues, des feuilles vert clair avec des fruits rouges.* »

« *S'il te plaît dessine-moi un arbre merveilleux avec un tronc lisse marron et épais ; avec des branches fines et pas de racines ; des feuilles rondes et cerises.* »

Le voisin lit le message et doit dessiner et peindre le plus fidèlement possible. À la fin de la séance on compare devant toute la classe les messages et les images et l'on commente.

On peut également confier les dessins à un autre groupe qui n'a pas lu le message, et le jeu consiste à retrouver son contenu en examinant attentivement le dessin.

Ce jeu fait manipuler de manière concrète toute une série d'adjectifs. Les enfants sont immédiatement, et de façon pratique, confrontés au rôle et aux fonctions des adjectifs qualificatifs.

Texte-objet

Beaucoup d'autres jeux sont facilement réalisables en passant par l'intermédiaire des croquis ou dessins. Il en est de même pour les fonctions.

Ainsi, si l'on veut travailler le complément du nom on peut procéder comme ci-dessous.

Les élèves doivent dessiner un masque ; sur les parties caractéristiques du visage, ils inscrivent cinq précisions concernant la couleur ou la forme. Les phrases doivent commencer obligatoirement par un des mots suivants : à, de la (de, d', le, la), avec, en, à la.

Compléments circonstanciels

Le maître donne pour consigne de dessiner un arbre et d'inscrire sur le tronc une phrase du type « sujet, verbe et complément ». Les équipes doivent compléter les branches de l'arbre en inscrivant des suites à la phrase pivot. On interdit des débuts avec « et, ou, qui » (1).

1. Documents et exercices de ce paragraphe dus à F. Maillard et C. Juda.

DES RÉCITS ET DES JEUX

102

CARTES ET PLANS

Les cartes routières et les plans sont d'excellents supports à l'expression écrite **depuis la fin CP jusqu'à la 6e**.

▲ Raconter un itinéraire

Distribuer un plan de la ville ou du village ou du quartier proche de l'école.
Commenter le plan, se repérer, au besoin circuler dans les rues ou les chemins avec le plan en main, pratiquer des exercices d'orientation et de repérage.
Marquer nettement sur le plan certains édifices, monuments caractéristiques et tracer un trajet avec les élèves.

La contrainte consiste à raconter une histoire en passant par le trajet indiqué; les nœuds de la fiction sont représentés par les arrêts marqués au feutre (monuments, édifices, etc.).

Avant de procéder à l'écriture du texte, il est bon de faire dire aux enfants pourquoi le ou les héros vont devoir pénétrer dans tel lieu et pourquoi ils en ressortiront. En effet, si on ne prend pas cette précaution, certains groupes feront *passer* leur héros devant tel édifice marqué sans raison et sans objectif.

Avec un plan de la région on procédera de même.

▲ Suivez le guide

On fournit à la classe en plusieurs exemplaires une *carte routière du département.*

On commente la carte, on repère des lieux significatifs.

On se procure des guides de la région et on observe ce qui a été sélectionné, comment le guide présente les édifices, les monuments, les itinéraires.

On demande ensuite aux groupes de rédiger un périple à la manière du guide Michelin par exemple.

Chacun, avant d'écrire, doit indiquer l'itinéraire, en mesurer la durée en heures, dire ce qui a été retenu.

Puis la série de descriptions peut être entreprise avec l'aide de brochures du syndicat d'initiatives, de livres d'histoire et de géographie.

Ce jeu est très formateur car il demande un travail transdisciplinaire vaste : en effet, il faut que la classe puisse lire une carte routière, comprendre la forme et le contenu d'un guide; ensuite, les équipes doivent entreprendre des recherches historiques et géographiques portant sur les sites et les monuments célèbres de l'environnement. Enfin il s'agit de rédiger les quelques pages du guide en respectant le genre, en agrémentant de photos, de croquis, de légendes, de périples fléchés, etc.

Rien n'empêche d'aboutir à un petit voyage en suivant « son guide », c'est-à-dire le guide commun à la classe, réalisé grâce aux recherches des sous-groupes.

Si l'exercice paraît un peu long pour certains niveaux il est loisible de former des sous-groupes qui se spécialiseront. Les uns rédigeant un document sur un monument, d'autres un début de promenade, etc. Mis en commun, ces travaux aboutiront au « dépliant » de la classe.

▲ Le village fantôme

Si l'enseignant veut que sa classe aboutisse à des travaux plus originaux, moins liés à des documents existants, il peut demander que les enfants, après avoir travaillé sur des guides de la région, inventent de toutes pièces un village avec sa mairie, son ou ses monuments, des promenades, des visites touristiques ainsi que des routes et des chemins fictifs.

Des documents imités des dépliants, agrémenteront l'ouvrage avec des cartes, ses photos prises ailleurs, des itinéraires conseillés, des musées fictifs, des festivités, etc.

DES RÉCITS ET DES JEUX

103

GENRES EN NOMBRE...

Pour une compétence plus complète en matière d'écrit, il est utile de faire pratiquer des jeux sur les catégories et les genres.

Il convient, pour cela, de balayer les grandes catégories de textes.

On peut les classer en sept types principaux :

– Textes *descriptifs* (montrent).
– Textes *narratifs* (racontent).
– Textes *poétiques* (font surtout appel à l'imaginaire).
– Textes *injonctifs* et *prescriptifs* (cherchent à suggérer, à faire exécuter un acte).
– Textes *informatifs* (donnent des renseignements).
– Textes *argumentatifs* (prennent position ; visent à persuader).
– Textes *explicatifs* (essaient d'expliquer le réel).

Beaucoup d'exemples des chapitres précédents ont utilisé divers types de textes ; on peut ainsi poursuivre un double objectif : jouer avec la langue et également fréquenter des textes typés afin d'en comprendre les fonctions ainsi que l'aspect formel.

Cependant des jeux davantage centrés sur les catégories et les genres peuvent être utilement abordés.

Voici une liste indicative de catégories d'écrits pour lesquels nous proposerons quelques exercices :

Affiche publicitaire	Album	Annonce
Article	Article d'encyclopédie	Article de bricolage
Article de journal	Article de mode	Article de sport
Autoportrait	Bande dessinée	Biographie
Carte postale	Catalogue	Chanson
Charade	Compte rendu	Comptine
Consignes	Couverture de livre	Description
Devinette	Dialogue	Énoncé de mathématiques
Fable	Faits divers	Instructions
Invitation	Journal intime	Légendes
Lettre	Menu	Mode d'emploi
Notice	Nouvelle	Poésie
Portrait	Posologie	Rapport
Recette	Règles	Roman
Slogan	Table des matières	Télégramme

▲ Superstructures

Les différents types de textes cités ci-dessus se différencient visuellement les uns par rapport aux autres par des signes extra-linguistiques en général assez simples à repérer à la lecture : c'est leur *superstructure*.

Néanmoins il est indispensable de ne pas s'en tenir à un simple survol et repérage ; c'est en situation de production de textes variés que les enfants pourront déjà jouer sur les différences, les caractéristiques extérieures comme : « mise en page, lettrage, blocs d'écriture, formats, couleurs, polices, supports, illustrations, etc. ».

Souvent l'originalité externe de ces écrits n'est pas épuisée par le simple balayage de l'œil ; en effet, il arrive très souvent que des effets stylistiques et grammaticaux aient un rôle primordial. C'est ainsi que le mode des verbes dans une recette de cuisine a autant d'importance que les blocs réservés aux ingrédients puis à la recette proprement dite. Cette linguistique du texte fait partie des caractéristiques et ne peut être séparée de l'ensemble.

Des jeux variés peuvent porter sur ces caractéristiques extrinsèques et intrinsèques.

Exemple :

Partir d'un fait divers prélevé dans un journal et le transformer en un rapport, en un télégramme, en une chanson (paroles), en une nouvelle.

Le même groupe n'aura pas forcément les quatre exercices à réaliser ; on laissera les équipes choisir le type de texte qui leur convient ; la mise en commun et la critique permettront de mettre en évidence les « traits pertinents » de chacun des écrits.

On distribuera une grille d'évaluation ou plutôt une grille d'accompagnement qui permettra de guider l'enfant en ce qui concerne les éléments à ne pas oublier.

Ici quatre grilles seront distribuées en fonction des thèmes retenus.

Après observation d'une table des matières (ou d'un extrait de cette table), et après analyse, on pourra demander de rédiger un petit roman, un dialogue, une bande dessinée, la couverture du livre.

À l'occasion de l'anniversaire d'un ou de plusieurs enfants on peut prendre l'habitude en classe de faire rédiger des lettres d'invitation, des cartes postales, un télégramme, un album de souvenirs, le menu.

Alex Clérino (1) illustre des activités d'écriture à partir de documents, de schémas d'expériences, ou d'objets comme la montre à quartz.

Ces écrits habituent l'enfant à la précision, à une linguistique adaptée ; à partir de ces textes il est intéressant de pratiquer une gymnastique en faisant produire des consignes avec choix libre de l'objet, une notice, un article d'encyclo-

1. A. Clérino, in *Pour le plaisir d'écrire*, Éd. L'École, 1990.

pédie, un article de bricolage, des instructions, un mode d'emploi et, pour terminer, un catalogue collectif.

Partant d'une photographie (personnage célèbre ou inconnu) on initiera la classe au portrait, à la biographie, à l'autoportrait...

La confrontation des produits finis, l'observation des diverses grilles permettra d'entreprendre des jeux.

Le jeu des devinettes

La classe est scindée en sous-groupes; ces sous-groupes doivent dessiner des silhouettes de textes déjà produits sans écrire le moindre mot : uniquement par la représentation de blocs, par la mise en page, le format, les couleurs et, si possible, le support.

Chacun montre son *schéma* et le reste de la classe doit deviner de quel type de texte il s'agit : lettre, poésie, chanson, article de journal, d'encyclopédie, posologie, catalogue, bande dessinée, légende, affiche, télégramme, énoncé de mathématiques, ticket d'autobus, etc.

Cf le chapitre portant sur *l'évaluation* où paraissent des grilles établies par des enfants de CM2, CM1.

Jeu des blocs compacts

Le maître distribue le texte d'un écrit présenté sous forme de bloc ne respectant ni le format, ni l'espace, ni les paragraphes, etc.

Le jeu consiste à retrouver la disposition, le format, et de rédiger l'écrit sous sa forme définitive.

Exemple :

Vallauris, le 10 Mai 1994. Chers parents, nous sommes bien arrivés à Vallauris après 4 heures de route et 15 minutes de marche sur un sentier qui nous a conduits dans la ferme où nous allons loger cette semaine. En chemin nous avons eu beaucoup de monde sur l'autoroute. Nous sommes installés dans une grande maison au milieu des champs avec une vue sur le village. C'est magnifique! Nous avons des cartes de la région et comptons faire de nombreuses promenades. Dès demain matin nous irons visiter le vieux village. Nous vous embrassons; bises à tous. Olivier et Christelle.

Jeu des fragments obligés

Le jeu consiste à imposer dans une fiction une série d'écrits différents.

Exemple :

Racontez une histoire où devront figurer (dans l'ordre ou le désordre, selon l'objectif de l'enseignant) : une lettre, un dialogue (par dialogue on entend une courte scène de théâtre), une charade, un télégramme, l'extrait d'un journal intime, etc.

Quelquefois les éléments imposés déterminent le type d'écrit : ainsi, si l'on impose un portrait, une posologie, un télégramme, un rapport, on recueillera une majorité de textes portant sur la maladie, l'accident ou la mort, en revanche les *stimuli* tels que devinette, carte postale, BD, comptine, inviteront davantage à une écriture optimiste.

Tri de textes

Avec les classes de maternelle on prépare déjà les enfants au repérage des divers types d'écrits en faisant trier des textes très différents de par leur format, leur supports, leur graphisme, la disposition spatiale des blocs de textes sur la surface. Ces éléments apportent des informations à l'œil et voilà pourquoi il faut toujours préférer les documents réels au photocopies qui écrasent certains paramètres et les rendent équivalents, donc non pertinents.

▲ Marques linguistiques

Comme nous l'avons remarqué plus haut, les multiples catégories de textes se différencient, non seulement par leur aspect externe, mais aussi par des marques linguistiques précises et assez constantes ce qui permet de repérer un type d'écrit.

Les élèves doivent pouvoir repérer ces marques mais surtout les restituer intelligemment le moment venu; pour cela il est important de les familiariser avec ces écrits, puis de procéder à des manipulations capables de mettre en évidence le jeu des marques et leurs fonctions.

Jeu de repérage

C'est un jeu qui doit toujours être pratiqué lorsque l'on aborde un genre d'écrit pour la première fois.

On demande aux élèves d'apporter des exemplaires de l'écrit souhaité. On analyse cet écrit du point de vue de la superstructure puis des marques linguistiques. On fait surligner ou relever systématiquement les indices.

Par exemple pour une charade, on remarquera les dimensions du support, la mise en page, etc.

En un second temps il faudra repérer les formules caractéristiques : mon premier, mon second, mon tout.

On fera aussi remarquer la construction formelle qui se calque sur les syllabes d'un mot, et « mon tout » qui est la définition du mot complet.

Après ce temps d'analyse, on peut scinder la classe en sous-groupes qui auront diverses analyses à réaliser; le travail fini, la classe examinera les critères repérés et procédera à la critique. Bien entendu, parmi les documents on glissera des modèles incomplets qui devront provoquer la réflexion des équipes.

Le jeu des erreurs

Un texte typé est distribué, mais les marques linguistiques ne conviennent pas (temps des verbes, pronoms, énonciation, vocabulaire, formules figées, etc.). Il faut déceler les erreurs et corriger.

Appariements

Divers textes sont fournis aux groupes ainsi que plusieurs grilles d'évaluation. Les enfants doivent retrouver les grilles qui correspondent aux textes.

Le jeu de l'empreinte

Le maître prépare toute la superstructure d'un écrit ou de plusieurs ainsi que les caractéristiques linguistiques; il distribue la ou les fiches aux sous-groupes et ceux-ci doivent rédiger un contenu qui convienne. Ainsi, on peut demander aux équipes de deux de rédiger des écrits très divers.

Composer des règles d'un jeu. Les caractéristiques du jeu (réel ou inventé) sont clairement indiquées ainsi que le genre de pièces, leurs particularités, le support, etc. Il suffit d'expliquer le déroulement d'une partie.
Composer une page d'un catalogue (les pages réalisées par toute la classe aboutiront à un ouvrage qui pourra être relié). Ici la fiche peut se limiter à quelques pages d'un catalogue à imiter.
À partir de photos de presse composer des légendes.
Composer une colonne de faits divers (des journaux « modèles » seront distribués).
Rédiger un énoncé de mathématiques.
Composer une recette de cuisine fictive.

On peut également coupler les contraintes :
Composer une carte de menu (avec pour contrainte supplémentaire : utilisation de mots composés).
Rédiger un compte rendu en utilisant des phrases ayant le même nombre de mots.
Établir une table des matières d'un livre avec pour autre contrainte de débuter chaque chapitre par une écriture alphabétique (a, b, c, d, etc.).
Écrire une BD à partir des vignettes fournies ainsi que les dialogues hors des phylactères.

AUTOÉVALUATION ET AUTOCORRECTION

104

COMMENT PROCÉDER ?

Dans le chapitre précédent nous évoquions des travaux possibles à partir de grilles données par le maître ou fabriquées par la classe.

En voici quelques-unes composées par des classes de **CM1**, **CM2**, **6**ᵉ. Le vocabulaire utilisé n'est pas toujours orthodoxe, mais il a le mérite d'être plus accessible à la classe et souvent plus imagé. Certes, pour des notions importantes, il a été indispensable de fournir les cadres et les éléments aux équipes mais néanmoins la mise en page, les critères ont été bâtis par les élèves après discussion des fiches et réécritures successives.

L'intérêt didactique de cette approche est double : les équipes apprennent l'essentiel des traits pertinents par évaluation formative (grille de l'enseignant), puis ils fabriquent eux-mêmes leur outil d'autoévaluation et comprennent bien mieux sa fonction et son rôle (évaluation formatrice) ; ensuite, ils peuvent procéder à leur propre notation et évacuent, de ce fait, presque tout sentiment d'injustice devant la note chiffrée.

L'exécution du tableau constitue en elle-même un excellent exercice de lecture et d'écriture puisque les équipes font un continuel va-et-vient entre les textes et la grille.

Cette autoévaluation ne se réduit pas à une seule grille. L'enseignant peut distribuer un tableau personnalisé afin de faire corriger les fautes spécifiques commises par les enfants. Celui-ci sera plus réduit et ciblera un domaine à rectifier.

Il se présentera sous forme de conseils tels que : « *recherche tels mots dans le dictionnaire, corrige telle faute soulignée en consultant telle grammaire, recherche des synonymes à tel mot et remplace-le, telle phrase est trop longue, supprime des détails inutiles,* etc. »

Enfin lorsque le texte semble correct et a pu être amélioré par les suggestions du maître et de la classe, on peut faire bâtir une dernière grille qui pourra être distribuée aux autres groupes en fin d'écriture afin de permettre une meilleure présentation, un graphisme plus soigné, un choix de supports adaptés, une utilisation intelligente de l'espace.

Titre : Une recette de cuisine. Auteurs : Nicolas, Marie-Hélène

Présentation	Mettre une croix lorsque c'est vérifié
Nous avons trouvé un titre à notre recette.	
Nous avons séparé : titre – ingrédients – temps de cuisson – recette.	
Nous avons séparé la liste du matériel de la recette.	
Nous sommes allés à la ligne quand on expliquait une suite d'actions différentes.	
Nous avons fait des croquis pour expliquer.	

Dans le texte	
Nous avons utilisé des infinitifs ou des impératifs.	
On ne dit pas « je » ou « nous ».	
Nous avons utilisé le vocabulaire de la cuisine et nous avons contrôlé (livre).	
La suite des actions est vérifiée.	
Nous avons qualifié les actions importantes (par ex : adverbes).	

Orthographe et correction du style	
Nous avons recherché les mots difficiles.	
Nous avons demandé des explications pour les difficultés : accords, conjugaison.	
Nous avons relu à haute voix.	
Nous avons corrigé la ponctuation.	
Nous avons corrigé les majuscules.	
En relisant (haute voix) nous avons repéré les répétitions et les avons fait disparaître.	
Nous avons fait attention aux « alors », aux « puis », aux « et ».	
Un camarade a relu et il a compris.	

Dernière copie de mon texte	Auteurs : Marion et Martine (CM2)
Je choisis un format de papier satisfaisant.	
Je choisis une couleur qui convient.	
Je choisis le stylo (ou autre) qui convient.	
Je décide de la disposition de mon texte sur la page.	
Je choisis si possible la forme de mon texte.	
Je fais apparaître la consigne sans l'écrire.	
Je recopie très soigneusement.	
Je relis.	

La carte postale	Auteurs : Cédric et Patricia (CM1)
Présentation :	
On a mis l'adresse à droite.	
On a collé le timbre à droite.	
On a écrit à gauche.	
Laisser un espace entre date et écriture.	
Après *Chers X*, on a laissé de la place.	
Aller à la ligne pour la formule affectueuse.	
On a signé lisiblement.	
Ce qu'on a dit :	
On a pensé à dire *où* et *quand.*	
On a pensé à *nous* (nos nouvelles).	
On a pensé *aux autres.*	
On a adressé des souhaits *affectueux.*	
Orthographe :	
On a relu et recherché les mots difficiles.	
On a évité les répétitions.	
On a fait des phrases courtes.	
On a fait attention à la ponctuation.	
On a fait attention aux majuscules.	
Copie :	
On a pensé à la place sur la carte.	
On a recopié soigneusement et signé.	
On a relu.	

En comparant les tableaux on remarque que les titres et sous-titres ne sont pas toujours identiques; en effet, on a voulu laisser les équipes libres de leur vocabulaire dans la mesure où celui-ci n'était pas équivoque et recueillait l'assentiment de toute la classe.

Fiche de bricolage n° 1	Sophie et Élisabeth
Présentation:	
On a choisi une fiche pratique.	
On a mis le titre.	
On a inscrit en premier le matériel à avoir.	
On a inscrit les outils dont on se servira.	
Entre ces parties on est allé à la ligne.	
Fin d'un groupe d'actions : on va à la ligne.	
On a fait des croquis.	
Pour notre texte :	
On a mis les verbes à l'infinitif ou à l'impératif.	
On a qualifié les actions si nécessaire.	
On a pensé à se servir des croquis.	
On a placé des légendes sous nos croquis.	
On n'a pas utilisé de « je » ni de « nous ».	
Pour ce texte on a des phrases courtes.	
On a utilisé un vocabulaire précis.	
On a contrôlé la suite des actions.	
Orthographe et style:	
On a corrigé les mots difficiles et la ponctuation.	
On a relu à haute voix.	
On a fait attention aux majuscules et aux répétitions.	

Une autre fiche vient compléter celle-ci :

Fiche de bricolage n° 2	Sophie et Élisabeth
On a tout corrigé avec le maître.	
On recopie:	
On choisit une fiche cartonnée.	
On recopie le titre.	
On choisit l'emplacement du texte et des croquis.	
On choisit la forme du texte.	
On met en valeur les étapes importantes.	
On relit.	

ÉCRITURE, RÉÉCRITURE EN GUISE DE CONCLUSION

Les outils d'autoévaluation construits par les enfants représentent un contrat de travail librement accepté puisque c'est l'élève qui les a composés et qui, souvent, a décidé du thème et du genre à aborder. De plus, cette pratique vient encore confirmer nos propos en ce qu'elle met en lumière une réalité : l'acte d'écriture est soumis à des règles, à un processus précis de contraintes successives et diverses qu'il faut surmonter. Au travers de la réalisation concrète de telles fiches d'autoévaluation, l'enfant est sensibilisé à cette complexité ainsi qu'à l'importance de ce qu'il pourrait prendre pour des détails : par exemple la superstructure d'un écrit ou même ses particularités linguistiques.

▲ Écrire, c'est penser

En agissant ainsi, l'élève construit une représentation mentale de ce qu'il doit faire ou de ce qui lui reste à faire. Ces représentations plus ou moins complexes devront être continuellement réactualisées, remises en cause en écrivant. C'est en agissant ainsi qu'il saisit que l'écrit n'est pas simplement un codage de l'oral, mais un véritable mode de pensée avec toutes ses nuances et ses finesses. Par conséquent, lorsque les groupes mettent au point leurs fiches d'autoévaluation, ils atteignent un niveau de réflexion et d'organisation qui dépasse de beaucoup la simple évaluation formative dirigée par l'enseignant; ici il s'agit bien d'une évaluation formatrice où la planification, les décisions, la mise en forme, doivent être argumentées, décidées en commun.

Ainsi, ces tableaux tracent le chemin de l'écriture. Par la confrontation des différents points de vue représentés par les éléments du groupe, puis, plus tard, par le groupe classe, l'élève parviendra progressivement à franchir les différentes étapes d'une maîtrise correcte de la langue et de la pensée.

▲ Dialectique de la réécriture

Nous l'avons dit maintes fois dans cet ouvrage, écrire, c'est presque toujours réécrire. La réécriture est une remise en cause de décisions, de comportements vis-à-vis d'un projet, et, prendre en compte l'avis des autres comme nous l'avons toujours préconisé à ce stade de la révision, c'est se socialiser tout en développant son esprit critique et son esprit d'analyse.

Nous avons aussi montré notre attachement aux ateliers, c'est-à-dire à l'acte d'écriture à plusieurs; nous avons précisé : « des groupes de deux »; ceci, parce que notre expérience montre tous les jours l'efficacité de ce dispositif. En effet, la réflexion duelle dans l'écriture est déjà l'approche d'une véritable dialectique où, à l'issue d'un exercice, la pensée de chacun s'est modifiée. De plus, cette action à deux emblématise souvent les deux faces de l'écrivain : le Balzac et le Flaubert, celui qui veut avancer et dire, celui qui veut réviser et redire. Ces deux éléments, tous deux moteurs (et non pas moteur et frein comme on a pu le croire) mettent l'enfant directement en prise avec la réalité de l'acte d'écrire que le texte lui cache souvent, puisque celui-ci ne délivre qu'un seul syntagme, malgré la multitude des évocations possibles. Au contraire, en écrivant, en composant, en calculant, il se heurte vite à l'un des représentants de ces deux forces, lui-même tenant l'autre rôle.

▲ Le texte et l'énonciation

On comprend mieux, à la fin de ce manuel, pourquoi nous avons souvent privilégié les contraintes de type Oulipo ; il nous semble qu'elles mettent, d'une manière idéale, les groupes en présence de problèmes d'écriture qui peuvent et doivent être résolus à deux. Mais surtout, ils ne proposent pas de contraintes apparemment simples comme « *raconte ta plus belle journée de vacances* », et qui cachent, en réalité, la série la plus redoutable d'opérations mentales et scripturales à résoudre. Bien au contraire, les consignes de l'Oulipo, et presque toutes celles que nous avons décrites ici, s'affichent comme de réelles difficultés. Elles disent à l'enfant : « *es-tu capable de...* », et par conséquent, elles affichent immédiatement la complexité, mais dans la clarté, antithèse de la facilité. Ainsi prévenus, les groupes adoptent une attitude réfléchie, quelquefois méfiante devant la consigne, mais toujours dynamique, motivée, en alerte, mais très souvent empreinte d'humour et de bonne humeur ; alors qu'avec les exercices plus classiques, la facilité de fonds entraîne fatalement un premier jet rapide sans calculs, sans révisions, sans planification, là, la prudence et l'implication des scripteurs entraîne l'éveil, la relecture et la précision. Autrefois les enfants se contentaient très naturellement d'un premier essai, pensant avoir tout dit et bien dit. Et voilà pourquoi lorsqu'ils relisaient ils lisaient ce qui ne figurait pas sur leur copie : bref, ils lisaient ce qu'ils croyaient avoir dit, en anticipant le plus souvent.

Les consignes de réécriture jouent sur « qui » écrit, « pourquoi » on écrit, « à qui », « de quoi parle-t-on » qui définissent le type de texte et ses conditions d'énonciation.

▲ Adapter l'écrit au projet

Mais ces consignes portent aussi sur la trace. En effet, lors de l'ultime réécriture l'enfant doit être capable de choisir son support, l'emplacement de son texte et son outil en fonction d'un objectif précis. En agissant ainsi, il montre qu'il a compris l'essentiel, c'est-à-dire qu'il a saisi la cohérence de l'écrit à tous les niveaux et que la réflexion sur les problèmes généraux d'écriture entraîne inéluctablement toute une série d'opérations liées entre elles jusqu'aux tâches les plus matérielles.

En conséquence, et si les jeux proposés dans cet ouvrage ont porté leurs fruits, l'enfant aura été conduit d'une manière progressive et naturelle vers un acte dont il ne s'estimera plus exclu puisqu'il aura bâti lui-même son objet, déterminé ses besoins, mais également construit la grille permettant de l'évaluer.

Et c'est ainsi qu'un ajustement pourra s'établir en toute transparence entre les attentes de l'enseignant, le projet de l'élève et les tâches complexes d'écriture.

BIBLIOGRAPHIE

Claire Boniface, *Les ateliers d'écriture*, Retz, 1992.

CEMEA Toulouse Nord, *Mots en jeux, enjeux de mots*, Cahiers de coredia 3.

Évelyne Charmeux, *L'Écriture à l'école*, CEDIC, 1983.

Alex Clérino, *Pour le plaisir d'écrire*, Éd. L'École, 1990.

CRDP de Clermond Ferrand, *Quelques jalons pour une pratique textuelle de l'écrit.*

CRDP de Grenoble, *Lire au Collège.*

CRDP de Nice, *Création, créativité par l'écriture en milieu scolaire*, CRDP Nice, 1984.

CRDP de Nice, *Lire de l'école à l'université*. N° 1, 2, 3, 4.

Duchesne, Legay, *Petite fabrique de littérature*, Magnard,1990.

Duchesne, Legay, *Les Petits papiers*, Magnard, 1992.

C. Fabre, *Les Brouillons d'écoliers*, EDITEL, L'atelier du texte.

Michel Fayol, *Le Récit et sa construction*, Delachaux Niestlé, 1985.

Gérard Genette, *Palimpsestes*, La littérature au 2e degré, Le Seuil, 1982.

B. Gromer, M. Weiss, *Dire, écrire*, A. Colin, 1990.

Groupe de recherche d'Écouen, coordination Josette Jolibert, *Former des enfants producteurs de textes*, Hachette Éducation, 1988.

Groupe EVA, sous la direction d'Hélène Romian, *Évaluer les écrits à l'école primaire*, Hachette Éducation, 1991.

Georges Jean, *Le Livre d'or des poètes*, Seghers, 1973.

Claudette Lecuyer, *Lire pour écrire, écrire pour lire*, Hachette, 1984.

P. Léon et O. Roudier, *L'écriture. Préalables à sa pédagogie*, Association Française pour la lecture, 1988.

Paulette Lequeux, *Poèmes de partout et de toujours*, A. Colin Bourrelier, 1981.

D. Maingueneau, *Éléments de linguistique pour le texte littéraire*, Bordas, 1989.

Odile Ottenwaelter, *Écrire des textes*, A. Colin.

OULIPO, *Atlas de littérature potentielle*, Folio essais, 1990.

OULIPO, *La bibliothèque Oulipienne*, Vol. 1 et 2, Ramsay, 1987.

OULIPO, *La littérature potentielle*, Idées, Gallimard, 1973.

Revue *Le Français aujourd'hui*, N° 51, 64, 69, 80.

Revue *Le Français dans le monde* N° 167, N° 194.

Revue *Repères*, N° 63, 66, 70, 73.

Revue *Repères*, INRP, *Des Outils et des procédures pour évaluer les écrits*, N°66, 1985.

Ministère de l'Éducation nationale, *La Maîtrise de la langue à l'école*, CNDP, Savoir Lire, 1992.

Jean Ricardou, *Le Nouveau Roman*, Écrivains de toujours, Le Seuil, 1973.

Yak Rivais, *Jeux de langage et d'écriture*, Littératurbulence, Pédagogie pratique, Retz, 1992.

Yak Rivais, *Les contes du miroir*, Neuf en poche, l'École des loisirs, 1988.

Yak Rivais, *Pratique des jeux littéraires en classe*, Pédagogie pratique, Retz, 1993.

A. Roche, A. Guiguet, N. Voltz, *L'Atelier d'écriture, éléments pour la rédaction du texte littéraire*, Bordas,1991.

Gianni Rodari, *Grammaire de l'imagination*, Messidor,1987.

Camille Rondier-Pertuisot, *41 fiches d'initiation à l'écriture créative*, Éditions d'organisation, 1991.

Camille Rondier-Pertuisot, Colas Rist, *34 fiches de perfectionnement à l'écriture créative*, Éditions d'organisation, 1992.

Bernard Séménadisse, *Création poétique*, Bordas, 1983.

Alain Serres, ill. Pef, *17 histoires à la vapeur*, À la rencontre du livre, 1986.

TEM N° 1, 2, 3, etc., *L'Atelier du texte*, 1984.

Marina Yaguello, *Alice au pays du langage*, Le Seuil, 1981.

INDEX

Index des exercices d'écriture mettant en œuvre des compétences grammaticales et orthographiques

Index des exercices propres à la maternelle

Imprimé en France par I.M.E. - 25110 Baume-les-Dames
Dépôt légal n° 23026-05/2002
Collection n° 13 - Édition n° 08
17/0403/0